愛

奧修

BEING IN **LOVE**

HOW TO LOVE WITH AWARENESS AND RELATE WITHOUT FEAR

OSHO

ONE OF
THE MOST
INSPIRING SPIRITUAL
TEACHERS
OF OUR TIME

如何在覺知中相愛，同時無懼地相處！

奧修靈性智慧 1

Zahir——譯

目次

序言——愛是什麼？

很不幸地，我們得問這樣的問題。按照常理，每個人都應該知道愛是什麼。但事實是，沒有人知道，或者只有極少數的人知道愛是什麼。愛已經變成最稀有的經驗之一。沒錯，人們談論愛，電影、小說情節描述愛，歌曲譜寫愛，電視節目、收音機、雜誌……，現存的廣大媒體隨時向你散發「愛」的概念。許多人從事相關行業，幫助人們了解愛是什麼。但愛仍然還是一種未知的現象。而愛應該是最廣為人知的現象之一才對。

這就像是有人問：「食物是什麼？」一樣。如果有人問你這樣的問題，你難道不會感到訝異？只有那些一開始就處於飢餓狀態、從來不曾品嚐過食物的人才會問這樣的問題。它跟「愛是什麼？」這樣的問題是一樣的。

愛是靈魂的糧食，但是你已經挨餓很久了。你的靈魂從來不曾接受過愛，你不知道它的滋味。所以這個問題是有意義的，但是也令人感到悲哀。身體因接收食物而能夠繼續生存下去，但靈魂卻還不曾接收過食物，所以靈魂是枯竭的；或者應該說，靈魂要嘛是還未誕生，要嘛就是它已經奄奄一息了。

當我們出生之時，便被充分賦予了愛與被愛的能力。每個孩子都是帶著滿滿的愛出生的，他們完全知道愛是什麼。不需要告訴孩子愛是什麼。但是會有問題是因為父母不知道愛是什麼。沒有一個孩子從父母身上獲得他應得的——甚至沒有任何一個孩子曾經從父母親身上得到他應得的；世上根本沒有那樣的父母。所以，等這個孩子也為人父母時，他也早就喪失了愛的能力。

我曾聽說有一個小山谷，那裡的孩子在出生三個月之後就會變成瞎子。那是一個很小的原始社會，有一種蒼蠅會造成眼睛細菌感染而導致失明，所以整個村落的人都瞎了。原本每一個孩子出生時都有一雙功能精良的眼睛，但頂多三個月，他們就會因為這些蒼蠅而雙目失明。這些孩子長大後一定會問：「眼睛是什麼？當你用『眼睛』這個字，你指的是什麼？視力是什麼？看是什麼？你說這些話究竟是什麼意思？」這個問題是有意義的。這些孩子生來就看得見，但他們在成長的某個過程中喪失了這種能力。

愛也是如此。每一個孩子生來就有愛，甚至遠超過他所擁有、被充滿的愛。每個孩子生來就是愛；孩子是用我們稱之為「愛」的東西所製作的。然而父母卻無法給予愛。他們有自己殘留的問題——他們的父母從來不曾愛過他們。父母只能假裝。他們可以談論愛，他們會說：「我們好愛你。」但是他們真正做的事並不是出於愛。他們的行為以及對待孩子的方式是一種侮辱；他們不尊重孩子。沒有父母會尊重孩子。有誰想過要尊重一個孩子嗎？根本沒有人想過要尊重孩子。孩子被視為是個麻煩。如果他安靜，他是好孩子；如果他不大吵大鬧、不調皮搗蛋，那他很乖；如果他不忤逆父母，他就太完美了。那就是孩子應該要有的樣子。但這其中沒有尊重也沒有愛可言。

父母從來不知道愛是什麼。太太不曾愛過先生，先生不曾愛過太太。愛並不存在他們之間，取而代之的是操控、佔有、嫉妒等各種摧毀愛的毒素。這就像某種會毀掉你視力的毒藥一樣，佔有與嫉妒的毒素摧毀了愛。

愛是一朵脆弱的花朵。它必須受到保護，必須被增強、被灌溉；唯有如此，它才會茁壯。孩子的愛非常脆弱——這很自然，因為孩子是脆弱的，他的身體很脆弱。你認為如果一個孩子被單獨留下來他還能存活嗎？只要想想人類的孩子有多麼無助——如果被孤伶伶的遺棄，他幾乎不可能存活下來，他會死掉。愛也是如此。愛被忽略，被孤伶伶的拋棄了。

父母無法去愛，他們不知道愛是什麼，他們從來不曾在愛裡面流動過。只要去想想你自己的父母就能明白——要記住，我不是說他們應該承擔這個責任。他們跟你一樣都是受害者；他們的父母也一樣。一直追溯上去……你可以回溯到亞當夏娃和天父！似乎連天父也不太尊重亞當和夏娃。那就是為什麼祂從一開始就命令他們「做這個」然後「不要做那個」。是祂先開始做那些所有父母都會做的荒唐事。「不要去吃這棵樹上的果實。」然後，當亞當吃了禁果，天父在盛怒之下把亞當和夏娃逐出樂園。

被放逐的懲罰一直都在，而且每個父母都會恐嚇孩子要將他趕出家門、要拋棄他。「你要是不乖、不聽話，就把你趕出去丟掉。」孩子當然會很害怕。被丟掉？把他這一輩子都丟到荒野中嗎？於是他開始妥協。這個孩子逐漸被扭曲，他開始操控。他其實並不想笑，但如果母親在旁邊，而他又想喝奶，他會笑。這是政治手腕——政治的開端與入門。

孩子內心會開始恨他的父母，因為他並沒有受到尊重；他內心開始感到挫敗，因為他並沒有以他本然的樣子被愛。他被期待做某些特定的事情，唯有如此他才會被愛。愛是有條件的；他本來的樣子微不足道、沒有價值。首先他必須變得有價值，唯有如此才能得到父母的愛。所以，為了能夠「有價值」，這個孩子開始變得虛假；他喪失所有他內在固有的價值。他失去了對自己的尊重，漸漸地，他開始感到罪惡感。

有很多次這樣的想法進入孩子的腦海裡：「他們真的是我的親生父母嗎？我有沒有可能是他們收養的呢？或許他們在騙我，因為我似乎感受不到愛。」他曾無數次看到他們眼中的憤怒，父母只為了芝麻小事，便流露出憤怒的醜陋表情，他不懂為什麼這點小事能惹他們生這麼大的氣。就這麼一點微不足道的事，他看到了父母的暴怒——他不能相信，這不對也不公平！但他不得不屈服，他不得不順從，他不得不接受這是必然的現象。慢慢的，他愛的能力就被扼殺了。

愛，只能在愛裡面成長。愛需要一個愛的環境——這是最重要的基本要素，一定要記住。唯有在愛的環境中，愛才會成長；愛需要和周圍有相同的脈動。不僅是孩子，如果母親有愛，父親有愛，如果他們彼此相愛，如果這個家中充滿愛的氣氛——這孩子會開始成為充滿愛的人，他絕對不會問：「愛是什麼？」他會一開始就知道愛，愛會成為他的基礎。

可是並沒有這麼發生。很不幸地，目前為止還不曾發生過。然後，孩子有樣學樣，開始學父母親的樣子——學他們的嘮叨，他們的衝突。你可以持續觀察自己。如果妳是女人，看看妳自己，妳可能正在重複和妳母親幾乎一模一樣的行為。當妳和男友或先生在一起時，觀察妳自己：妳在做什麼？妳沒有重複同樣的行為嗎？如果你是男人，看看你正在做什麼？你的行為舉止不就像你的父親嗎？你難道不是和他一樣，做他過去一向在做的那些沒意義的事嗎？從前你曾經非常驚訝——「我的父親怎麼會做這種事？」——而現在你正在做同樣的事。人們不斷在重複；人是善於模仿的。人類是猴子。你重複父親或母親的行為，你必須拋棄那些行為。唯有如此，你才會知道愛是什麼，否則你會繼續被腐化。

我無法定義愛是什麼，因為愛是沒有定義的。愛一如生、死、神、靜心一樣是難以被定義的。我無法定義它。我沒有辦法說：「這是愛。」我無法展示給你看。它不是有形的。它無法被研究，無法被分析，只能夠去體驗。也唯有透過體驗，你才能夠知道愛是什麼。但我可以指引你體驗它的方法。

第一步就是：擺脫你的父母。當我這麼說，並不表示我不尊敬你的父母，不是的。我是最不可能這麼說的。我並不是要你擺脫你生理上的父母，我的意思是，你必須擺脫掉你內在父母的聲音、內在的模式以及內在不斷播放的錄音帶。抹除它們……你會很驚訝，如果你從內在本性擺脫你的父母，你變自由了。這會是你第一次能夠對你的父母感到慈悲，否則不可能；你會繼續怨恨下去。

每個人都會怨恨他們的父母。你怎麼可能不怨恨那些曾經傷害你很深的人呢？他們並不是有意要傷害你——他們希望你一切都好，只要你幸福，他們可以為你做任何事情。但他們能夠做什麼呢？只透過要求，愛是不會發生的。只是希望，愛也是不會發生的。他們都是祝福你的人，這是真的；每一位父母都希望自己的孩子擁有生命中所有的喜悅。但他們能做什麼？他們自己從來都不知道喜悅。他們是機器人，不論是自覺或不自覺，有意或無心，他們營造出的環境讓他們的孩子也變成了一個機器人。

如果你想要成為一個人而不是一部機器的話，擺脫掉你的父母。而且你必須留意觀察。這是一件苦差事，是艱鉅的工作；你無法一蹴即成。你必須非常小心留意你的行為。觀察並看著妳的母親如何在妳的內在影響妳——阻止它，遠離它。以妳母親完全不曾想過的全新方式去應對事情。例如，妳的男朋友帶著讚賞的眼神看著別的女人時，這時，觀察看看妳正在做什麼。妳是不是跟妳母親一樣，做出她在妳父親用欣賞的眼光看著別的女人時所做的事。如果妳也這麼做，妳永遠都不會知道愛是什麼，妳就只是在重複一個相同的故事情節。已經有很多不同的角色都在演著同樣的戲碼；同樣的爛戲一而再再而三地重複。不要當一個模仿者，脫離這個角色，採取新的做法，做一些妳母親想像不到的事，做一些你父親想像不到的事。這些新意必須被帶入你存在（existence）的本性裡，如此一來，你的愛便會開始流動起來。

所以，第一個要點是，擺脫你的父母。

第二個重點是：人們以為他們唯有找到一個值得愛的伴侶才能夠去愛——胡扯！你一個也找不到。人們以為唯有找到一個完美的女人或男人他們才能夠去愛。胡扯！你找不到，因為完美的女人跟完美的男人並不存在。如果存在，他們也不會在意你的愛；他們不會對你的愛感興趣。

我曾經聽說有一個男人一輩子保持單身，因為他在找一個完美的女人。當他七十歲的時候，有人問：「你不斷旅行——從紐約到加德滿都，從加德滿都到羅馬，從羅馬到倫敦，一直在找尋。你都沒有找到完美的女人嗎？連一個也沒有嗎？」

這個老人家很悲傷地說：「有，有過一次。有一天，那是很久以前，我遇見過一位完美的女人。」

問話的人說：「然後呢？為什麼你沒結婚呢？」

這個老人非常悲傷地說：「能怎麼辦？她也在找一位完美的男人。」

所以記住，當兩個人是完美的，他們對於愛的需求和你是不同的。那是一種完全不同的品質。

你甚至不明白對你來說「可能是愛」的愛，更別說你能了解發生在佛陀身上的愛，或是從老子流向你的愛——你沒有辦法了解。

首先，你必須去了解愛是一種自然的現象。你甚至連這個了解都還沒有。你必須先了解愛的自然本質，然後才能了解愛的超然特質。其次，你要記得，絕對不要找尋完美的男人或女人。現在的現象是，除非找到完美的男人或完美的女人，否則你不會快樂的想法已深植你的內在，於是你繼續不斷尋找這個完美的人，可是你找不到，所以你不快樂。

愛的流動與成長並不需要完美。愛跟另外一個人無關。一個充滿愛的人只是去愛，就像一個活生生的人會呼吸、吃飯、喝水、睡覺一樣。就是那樣，一個真正活生生、充滿愛的人，就是會愛。你不會說：「除非有完美純淨的空氣，否則我就不呼吸。」在洛杉磯你要繼續呼吸；在孟買你也要一直呼吸。就算那裡空氣污染、有毒，你在任何地方都要呼吸。你保持繼續在呼吸！你不能只因為這個空氣沒有它應有的品質就不呼吸。如果你餓了就會吃東西，什麼都吃。如果你在沙漠裡快渴死了，你會什麼都喝。你不會堅持非喝可口可樂不可，什麼都行——任何可以喝的，只要是水，甚至髒水也可以。人們都曾聽說有的人會喝自己的尿。當一個人快要渴死了，他才不會在乎那是什麼，他會喝下任何可以解渴的東西。曾經有人殺了他們在沙漠中的駱駝取水喝——因為駱駝把水分儲藏在牠們的身體裡面。可是這麼做很危險，因為這個人必須走好幾哩路。但他們太渴了，所以最重要的事最優先——水最優先；否則他們會死。沒有水，縱使駱駝還活著，牠們能做什麼呢？

一個活生生且充滿愛的人就只是單純地愛。愛是自然的運作。所以，第二件要記住的事：不要要求完美，否則你的內在將不會有愛的流動。相反的，你會變得沒有愛心。那些要求完美的人非常沒有愛心，是神經質的人。即使他們找到一個愛人，他們也會要求完美，然而愛就因為這樣的要求而被催毀了。

一旦男人愛上女人，或是女人愛上男人，要求馬上就跟著進入。女人開始要求這個男人應該要完美，只因為他愛她。好像他犯了罪一樣！現在他必須是完美的，他必須丟掉所有的局限——這麼突然，就只因為這個女人？所以現在他無法當個人了嗎？現在，不是變成超人就是變成騙子，一個虛偽的騙子。

當然，要變成超人很難，所以人們就變成騙子。他們開始假裝，演戲、耍把戲。人們只不過是以愛的名義在耍把戲而已。所以，第二件要記得的事是：絕對不要要求完美。你沒有權利對別人做任何要求。如果有人愛你，要心存感恩，但不要有任何要求——因為對方沒有義務要愛你。如果有人愛你，那是個奇蹟。你要對這個奇蹟心存感激。

但是人們並沒有感激。為了一些小事，他們毀了所有愛的可能性。他們對愛以及其中的喜悅並不感興趣。他們對於其他滿足自我的事情比較感興趣。

關注你的喜悅。全心全意關注你的喜悅，並只關注你的喜悅。其他的一切都不重要。愛——就和你呼吸一樣，是一種自然的運作。當你愛一個人，不要要求；否則一開始你就關起了這道門。不要期待任何事。如果因為你的愛而有什麼回饋來到你身上，要心存感謝。如果沒有出現，也不需要強求它出現，沒有必要。你無法期待它。

但看看人們，看看他們是如何將彼此視為理所當然。你的太太為你準備食物，你從來不曾感謝過她。我不是說你一定要用言語表達你的謝意，但你應該透過你的眼神表達。然而你不在意，你把它視為理所當然——那是她的工作。這是誰告訴你的？

如果妳的先生出外賺錢，妳也從來不曾感謝過他。妳沒有半點感激之情。「這本來就是男人應該做的事。」那是妳的想法。如此一來，愛怎麼能夠成長呢？愛需要有愛的氣氛，愛需要有感恩和感激的環境。愛需要一個無所求、不期待的氛圍。這是第二件要記住的事。

第三件事是：與其去想如何得到愛，不如開始給予。如果你給予，就會獲得。沒別的方法。人們對於如何攫取獲得比較感興趣。每個人都想獲得，似乎沒有人喜歡給予。他們給得心不甘情不願——甚至他們之所以給予，是為了獲得才給，他們像是在做交易。那是討價還價。他們總是不斷留意，確定他們得到的多於他們所給予的——這樣就是一樁好買賣，成功的交易。而對方也做同樣的事。

愛不是交易，所以，停止這種買賣行為。否則你會錯失你的生命、錯過你的愛以及在愛中所有的美——所有美好的事物都不是交易。交易是這個世界上最醜陋的事，是一個必要的罪惡。但存在完全不知道交易。樹木開花不是交易，群星閃爍不是交易，你無需為此付錢，也沒有人要求從你那裡得到任何東西。一隻小鳥來了，停在你門前唱歌，牠不會要你給牠證書或讚美。牠唱完歌，然後高興地飛走了，不留下任何痕跡。

愛就是如此成長的。給予，但不要等著看你會得到多少。沒錯，它會以千倍回饋給你，但它是自然發生的，它會自己來，不用去求它。當你有所求，它便不再來了。當你有所求，你已經扼殺了它。所以，給予，開始給予。

一開始會有點困難，因為你這一生已經被訓練成不懂付出只想得到。你剛開始必須和你自己的盔甲抗爭。你的肌肉組織已經僵硬，你的心已經凍結，你變得很冷酷。一開始會很辛苦，但是每跨出的一步都將引導你更往前進一步，漸漸地，愛的河流就會開始流動起來。

首先，要擺脫你的父母。在擺脫父母的同時你也擺脫社會，在擺脫父母中你擺脫了文明世界、教育以及一切——因為你的父母代表了這所有的一切。你變成一個個體。這是你第一次不再是群眾的一部分，你擁有真實獨立的個體。你就是你自己。這就是成長。這是一個成熟的人應該有的樣子。

一個成熟的人不需要父母。一個成熟的人不需要抓著任何人不放或是依賴任何人。一個成熟的人會快樂地在他的單獨裡——他的單獨是一首歌、是一項慶祝。一個成熟的人能夠快樂的跟自己在一起。他的單獨不是孤單，他的獨處不是寂寞，而是靜心。

總有一天你要離開母親的子宮。如果留在子宮裡超過九個月你會死掉——不只是你，你的母親也會死。總有一天你得離開母親的子宮；然後有一天你必須離開你的家庭，另一個子宮，到學校去；然後，有一天你必須離開學校，另一個子宮，進入更廣闊的世界。然而你內心深處依然是個孩子。你還留在子宮裡！這一層又一層的子宮必須被打破。

這就是我們在東方所說的第二次誕生。當你到達第二次誕生時，就徹底從父母的影響中得到解放。最美的是，唯有這樣的人才會對父母感恩。矛盾的是，唯有這樣的人才能寬恕他的父母。他會對父母感到無比的慈悲與愛，因為他們也受過同樣的苦。他不會生氣，不，完全不會。他或許眼中有淚，但是不會生氣，同時他會盡一切幫助他的父母進入如此豐富與極致的單獨裡。

第一件事，成為一個個體。第二件事，不要期待完美，不要請求，也不要要求。愛平凡的人。平凡人沒有什麼不對。平凡人才是不凡的！每一個人都是如此獨特；要尊重那些獨特。

第三，給予，而且是無條件地給予——然後你就會知道愛是什麼。我無法定義它。我可以為你指出一條讓愛成長的路。我可以指引你如何種出一片玫瑰花叢，告訴你如何澆水，如何施肥，如何保護它。然後有一天，出乎意料地，玫瑰花開了，你的家裡充滿了芬芳。愛就是這樣發生的。

第1部

從「我」到「我們」的旅程

了解自然與愛的本質

愛，是學不來的，它無法被教養。教養出來的愛絕對不是愛。它不是真的玫瑰，而是塑膠花。當你學習某些事物時，意味著它來自外在；它不是一種內在的成長。然而，愛若要真實不虛假，就必須是你內在的成長。

愛不是一門學問，而是成長。就你而言，你需要的不是學習愛的方式，而是捨棄那些不是愛的方式。阻礙必須被移除，障礙必須被摧毀——那麼，愛就是你與生俱來、自發性的存在。一旦障礙被去除，石頭被丟棄，愛就開始流動。它一直就在那裡——隱藏在許多巨石底下，愛的泉源本來就已經在那裡。它是你真正的本性。

・超越依賴與支配——突破自我之殼

我一直很訝異有這麼多人來跟我說他們害怕愛。為什麼害怕愛？因為當你真正愛一個人時，你的自我會開始溶解消失。你不能帶著自我去愛；自我將會將成為一道阻礙，當你要丟棄自己以及對方之間的障礙時，自我會說：「小心！這是死路一條。」

自我的死亡並不是你的死亡；自我的死亡才是你生命真正的開始。自我就像是圍繞在你周圍的廢殼，它必須被打破、丟掉。自我是很自然地進入你的本性裡的——就像旅人身上的衣服和堆積的塵埃一樣，所以他必須洗個澡好將塵埃除去。當我們隨著時間前進的同時，也累積了來自我們的經驗、知識，以及我們經歷過的生活的塵埃。這些塵埃形成了自我。它逐漸累積在你周圍形成一個殼，它必須被打破丟棄。你必須每天都清洗；事實上，你要時時刻刻都清理它，那麼這個殼就不會變成一個牢籠。

了解自我從何而來，了解它的根本，是有幫助的。

每個孩子一出生都是完全無助的，特別是人類的孩子。他無法在沒有大人的協助下存活下來。許多動植物、鳥類的幼兒，牠們可以沒有父母或家庭的保護也能存活下來。就算偶爾需要協助，時間也非常短暫，只要幾天，頂多幾個月。但人類的孩子非常無助，他必須依賴其他人好幾年的時間。這個問題的根源是值得探討的。

為什麼無助會造就人類的自我呢？孩子是無助的，他依賴別人，但是孩子無知的心智把這種依賴理解為他就是世界的中心。孩子認為：「只要我一哭，媽媽就會立刻跑過來；無論什麼時候，我肚子餓了，只要給個暗示，乳房就會遞過來。只要我一尿濕，輕輕的哭一下，就會有人來幫我換衣服。」這個孩子過得像個皇帝一樣。事實上，他是完全無助的，他需要依賴別人，母親、父親、褓母全都在幫助他，讓他活下來。他們並沒有依賴這個孩子，是孩子在依賴他們。但這個孩子無知的想法中，把這個狀況理解為他就是全世界的中心，好像這整個世界都只為他存在一樣。

當然，孩子的世界一開始非常小。這個世界是由母親、褓母以及地位次要的父親所組成——這就是孩子全部的世界。這些人愛這個孩子。所以這個孩子變得越來越自我。他覺得自己是所有存在的核心，因為如此，所以自我被創造出來。自我藉由依賴與無助被創造出來。

事實上，這個孩子真實的處境正好跟他所想的相反；沒有更恰當的理由能創造出這樣一個自我。但孩子完全無知，他沒有能力了解這件事情的複雜性。他不知道他是無助的，他以為他才是掌權者！結果他一生都會試圖當獨裁者。他會變成像拿破崙、亞歷山大、希特勒那樣——你的總統、總理、掌權者，幼稚不成熟。他們努力想實現與孩童時期相同的經驗；他們要成為整個存在的中心。他們認為這個世界應該要因著他們而活，因著他們而死；整個世界只是他們的周圍，他們才是世界的中心；生命的最終意義就藏在他們裡面。

當然，孩子很自然地會發現他的理解是正確的，因為當母親看著他時，他從母親的眼睛裡讀出，他是她生命中最重要的人。當父親回家時，孩子感覺得到他對父親的意義非常重要。這種現象會持續三、四年之久——而生命最開始的幾年最重要；一個人生命中再也找不到像那個時期一樣具有的潛能。

心理學家說，孩子在出生後的最初四年就幾乎已經發展完備了。整個模式已經定型；所有接下來的生命，就只是在不同的情境中重複相同的模式。到了第七年，這個孩子所有的心智已經確定，他的自我也奠定了。然後他進入這個世界中——當然到處碰壁，面對數不盡的問題！一旦你離開家庭，問題就會出現，因為沒有人像你的母親一樣在乎你，沒有人像你的父親一樣關心你。不但如此，你會到處碰釘子，遭到冷漠的對待，所以自我因此而受傷。

但是模式已經固定。無論是否受傷，孩子無法改變這個模式——它已經成為這個人的生命藍圖。他會跟其他的孩子玩，同時試圖操控他們。他會到學校去，開始試圖支配別人；他想在班上拿第一，成為最出色的學生。他可能認為自己高人一等，但當他發現所有其他的孩子也跟他一樣這麼想時，於是，開始有了衝突、自我、爭鬥與較勁。

然後這就成為整個生命的故事：你的周圍有無數的自我圍繞著，其他人也跟你一樣，每個人都試圖透過財富、權力、政治、知識、力量、謊言、假裝與偽善去控制、操縱、支配別人。甚至在宗教與道德體系中，每個人也都試圖要掌控一切；向世界證明：

「我才是世界的中心。」

這就是人與人之間問題的根源。因為這樣的觀念，讓你一直以來不是跟這個人發生衝突，就是和另一個人較勁競爭。並不是因為其他人都是你的敵人，而是他們每個人剛好都跟你一樣，你們面對同樣的問題。其他人跟你一樣；他們也是以相同的方式被撫養長大的。

西方有一種由心理分析學家所創立的學校，他們主張除非孩子不是由父親和母親撫養長大，否則這個世界將永無安寧的一天。我不贊同他們的想法，因為如此一來，孩子將永遠都不會被撫養長大！那些心理分析師提出的觀點有某些真理在，但那是非常危險的想法。因為如果孩子在沒有父母的呵護下被撫養長大，他們完全沒有愛，完全被漠視，他們或許不會有自我的問題，但會產生其他更有害而且更危險的問題。

如果一個孩子在完全被漠視的環境中長大，他會沒有核心。他會是迷惘愚鈍、不知道自己是誰的人。他沒有自己的個性。因為沒有人曾經愛過他，他會害怕、驚恐，甚至無法大膽踏出一小步。當然，他不會有自我，但是少了自我，也失去了核心。他沒有辦法成為一個佛；他只會是愚鈍、不正常、充滿恐懼的人。

愛使你無懼，使你感到自己被接受，你不是沒有用的，你不會被丟到廢物堆裡。如果孩子在一個缺乏愛的環境中長大，他們不會有自我，這一點沒錯。他們的生命中不會有太多的衝突與對抗。但他們完全沒有能力靠自己的雙腳站起來。他們會疏離、逃避每個人，躲在自己的洞穴裡。他們無法成佛，他們將無法綻放生命力，無法歸於中心，無法自在，無法身心安頓。他們會古怪偏離、失去平衡。這也不是一個好現象。

所以我不贊同這些心理分析師。他們的方法會製造出機器人，而不是人——機器人當然不會找麻煩。或者，他們可能會創造出像動物一樣的人，那會少一點焦慮，少一點道德敗壞，少一點癌症，但如果這意味著你無法往更高的意識頂峰成長，那就不值得這麼做。相反的，你會往下掉；這是退化。當然，如果你變成動物，你會比較感覺不到痛苦，因為意識變低了。如果你變成石頭或岩石，你就完全不會有焦慮，因為你的內在沒有人在感受焦慮痛苦。但這麼做是不值得的。人必須像神一樣，而不是像一塊岩石。我的意思是，人要像神一樣，擁有絕對的意識，同時沒有擔憂、焦慮或困擾；人要像鳥兒一樣享受生命，像鳥兒一樣慶祝生命，像鳥兒一樣引吭高歌。要透過成長到達意識的最高境界，而不是退化。

孩子累積自我。那是很自然的事，也是沒有辦法的事。必須接受它。但之後就不需要繼續帶著它。自我在一開始的時候是有必要的，讓孩子感到被接受、被愛、被歡迎，讓他覺得自己是被邀請來的貴賓，不是不速之客。父親、母親，全家人溫暖圍繞在孩子周圍，幫助他成長茁壯、植根大地。自我可以提供保護，這是必要的。就像種子的外殼一樣，是好的。但外殼不應該是最終的結果，否則種子會死掉。當保護持續太久，它就變成一個牢籠。保護必須是在他需要的時候才提供，當種子的硬殼該落地的時候，應該讓它自然剝落，好讓種子能夠萌芽，讓生命能夠誕生。

自我只是一個防護的外殼，孩子需要它，因為他無助；孩子需要它，因為他虛弱；孩子需要它，因為他還很脆弱，而周圍有無數的外力在威脅他。他需要保護，需要一個家，一個基地。整個世界或許冷漠，但他還有個家，他可以在那裡逐漸累積他的生命意義。

但是，隨著這個意義，自我也跟著來了。孩子變得自我本位，隨著自我的出現，你也面臨到所有的問題。這個自我不允許你墜入愛河。這個自我要所有人都臣服於你；它不允許你臣服在任何人之下——而唯有當你願意臣服的時候，愛才會發生。當你強迫別人臣服時，那是很讓人討厭的，也沒有任何建設性。這不是愛。如果沒有愛，你的生命不會有溫暖，不會有任何詩情畫意。它可能像單調的散文，或是理性的、邏輯的數學公式，沒有詩意，但是人怎麼能夠活在沒有詩意的情境裡呢？

單調的散文或理性的數學是必須的，它具有實用性，但只活在理性與邏輯中絕對不會有慶祝，絕對不會有歡樂。當生命沒有歡慶，是很無聊的。詩意是必要的，但享受詩意需要你先臣服。你需要丟掉這個自我。如果你能做到，如果你能夠將它擺到一旁，儘管只是一下子，你的生命將會有美麗與神性的瞥見。

少了詩意，你不算真正活過，你只能算活著。愛是詩歌。如果沒有愛，你怎麼可能祈禱、靜心或覺知呢？那幾乎是不可能的事。沒有靜心的覺知，你就只是一具身體；你絕對不會覺知到內在最深處的靈魂。唯有在深度的靜心與寧靜當中，你才能夠觸及那個高峰。那虔誠的寧靜，帶有靜心品質的覺知是經驗的最高峰——而愛，是打開那扇門的鑰匙。

榮格（Carl Gustav Jung）一生研究過無數心理障礙、心理困擾的個案。他說，他從來沒遇見過任何一個超過四十歲的心理病患，真正的問題不是來自心靈。生命有它的韻律，在你的第四十年會有一個新的、靈性的層面出現。如果你不能正確地處理它，如果你不知道該如何是好，你會生病，會變得焦躁不安。整個人類成長是一個連續的循環。如果你錯過一步，你就無法連貫。孩子累積自我——如果他從來不曾學習如何將自我放一旁，他就無法愛，無法自在地與任何人相處。自我將是一種持續不斷的抗爭。你也許只是靜靜地坐著，但自我卻不斷地抗爭，一直在想盡辦法要掌控、獨裁，要成為世界的統治者。

而這會引發許多問題。在友誼、性、愛與社會中，在你所到之處都會引發衝突。你甚至會跟給予你自我的父母發生衝突。很少有兒子會原諒他的父親，很少有女人會原諒她的母親。這種狀況非常少見。

葛吉夫(George Gurdjieff)在他經常與人會面的房間牆上有一句話：「如果你還不能自在地與你的父母親相處，那麼就離開吧。我幫不了你。」為什麼呢？因為問題從哪裡來，就必須從那裡解決。那就是為什麼所有過去的傳統思想都要你愛你的父母，竭盡所能地尊敬你的父母——因為自我是從那裡衍生出來的，那裡就是自我的溫床。在那裡解決問題，否則無論你在何處，它都會形影不離的跟著你。

心理分析師也作了一個結論：一切他們所做的努力，就是要把你帶回你跟父母之間存在的問題，試圖找出解決之道。如果你能夠解決跟父母之間的衝突，其他許多的衝突就會自動消失，因為這些衝突都是建立在相同的根本上面。

例如，一個男人如果不能和父親和睦相處，那麼他在公司也絕對無法跟上司和睦相處，因為上司是父親的形象延伸。與父母之間的小衝突會繼續投射在你所有的關係中。如果你無法與母親自在相處，你就無法跟你的太太自在相處，因為她是女性的代表；你無法和女人自在放鬆地在一起，因為你的母親是你第一個接觸的女人，她是你心中第一個女人的原型。無論到哪裡，只要跟女人進入關係，你都會受到與母親之間關係的影響，那種微妙的關係仍然延續著。

自我來自於與父母親之間的關係，它必須在那裡處理。否則你只是不斷修剪樹木的枝葉，卻沒有碰觸到根部。如果你跟父母親之間的問題解決了，你就成熟了。那麼，自我就不見了。你會了解當時的你是無助的，了解當時的你是在依賴別人，你並不是世界的中心。事實上，你完全地在依賴別人，否則你無法存活下去。了解這一點，自我會漸漸消失，一旦你不再與生命抗爭，你會放鬆下來，變得輕鬆自然。然後你的世界不再充滿敵人，它是一個大家庭，一個有機體。世界並沒有在對抗你，你可以徜徉其中。當你發現自我是無意義的，發現自我並沒有存在的基礎，發現自我只是幼稚的夢，一種無知的錯誤設想時，你就變成無我（egoless）。

有些人來到我這裡問：「如何墜入愛中？有什麼方法？」如何墜入愛中？他們要一個方法、一個特定的技巧。

他們不知道自己在問什麼。「墜入愛裡」表示沒有方法、沒有技巧。這就是為什麼叫：「墜入」——你不再是控制者，你直接墜入。這就是為什麼頭腦傾向的人會說，愛是盲目的。愛是唯一的眼睛——但他們說愛是盲目的，如果你沉浸在愛裡，他們會認為你瘋了。對於頭腦傾向的人而言，它看起來很瘋狂，因為頭腦是最厲害的操縱者。任何會失去控制的情況對頭腦而言看起來都很危險。

然而，在一個有心（human heart）的世界，一個有人性以及意識的世界，技巧是行不通的。所有的技巧只適合物質；它無法在意識上運作。事實上，掌控也是不可能的。努力去掌控，或讓事情刻意發生，都是自大、自我本位的行為。

生命與愛的自然狀態

人們問我，有什麼正確的方法，可以提供孩子一個愛的環境，好幫助他們在不干擾他們與生俱來的潛能下成長。

所有幫助孩子的方法都是錯的。幫助這個想法本身就不對。孩子需要的是你的愛，不是你的幫助。孩子需要滋養與支持，不是你的幫助。孩子天生的潛能是不可知的，你無法幫助他正確發揮他與生俱來的潛能。當目標不可知的時候，你幫不上什麼忙；你能做的就是不要去干預。事實上，每一個人都以「幫助」為名試圖干預別人的事；「幫助」聽起來很好，沒有人會反對。當然，孩子太小，他必須依賴你，他也沒有能力反對。

你周遭所有的人都和你一樣：他們都曾受過父母的幫助，就如同你受到的幫助一樣。他們沒有發展出他們天生的潛能，你也沒有。整個世界，無論是父母、家庭、親戚、鄰居、老師或神職人員的幫助，都失敗了。事實上，每一個人對於幫助都感到壓力沉重，別說是發揮與生俱來的潛能，甚至連後天的潛能也發揮不了！每一個人肩上都扛著如喜馬拉雅山一樣沉重的負擔，動彈不得。

所有你周遭的人都曾經被幫助過，過多的幫助讓他們變成今天的樣子。你曾經被幫助過，現在你也要幫助你的孩子嗎？一切你能做的就只有愛他、給他愛的滋養。給他溫暖，接受他。孩子擁有未知的潛能，你無法想像那會是什麼。所以，我不可能建議你：「你應該用這種方式幫助這個孩子。」每個孩子都是獨特的，一般的教養並不適用在每一個孩子身上。

正確的方法是，絕對不要幫助孩子。如果你真的有勇氣，請不要幫助孩子。愛他，給他滋養。讓他做他想做的事情。讓他去他要去的地方。你的心裡會一次又一次很想要干涉，而且理由充足。頭腦擅長找藉口：「如果你不介入可能會有危險；如果你不阻止，孩子可能會掉進井裡。」但我要對你說，讓他掉進井裡，也比幫助他而摧毀他要更好。

孩子掉進井裡的可能性非常低——更何況，他掉進井裡不表示他會死；他會被救出來。如果你真的關心他，把井口蓋好；但不要幫助孩子，也不要干預。你可以把井圍起來，但不要干預孩子。你真正的關心應該是為他去除一切危險，但不要干預孩子；讓他走他的路。

你必須了解一些極具意義且重要的成長模式。生命有七年的循環，每七年循環一次，就像地球繞軸心自轉一圈二十四小時一樣。沒有人知道為什麼不是二十五小時，不是二十三小時。這個問題沒有答案；它就是一個事實。所以不要問我為什麼生命以七年循環運行。我不知道。我只知道這麼多：它以七年的循環運行，如果你了解那些循環，就能夠更清楚了解人類的成長。

最初的七年最重要，因為生命的基礎是在這個時期被奠定的。那就是為什麼所有的宗教非常關切要盡早在這個階段教好孩子。最初的七年是被教養的年紀，被各式各樣的意識形態填塞，它會在一生當中不斷縈繞著你，不斷干擾你潛能的開發，使你腐化，不讓你看清楚。它們總是像烏雲一樣不斷遮在你眼前，讓一切混淆不清。

事情原本很清楚，非常清楚——存在是絕對清楚的——但是你的眼睛堆積了一層又一層的灰塵。在你生命中的第一個七年，當你還如此天真、充滿信任，無論告訴你什麼，你都視為真理般接受的時期，所有的灰塵就已經被安排好了。而且，只要是進入你基礎的東西，之後你會很難發現它：它幾乎已經變成你的血液與骨髓裡的一部分。你會問千百個其他的問題，但是絕對不會去問關於真理的基本問題。

愛孩子的第一步是，讓他的第一個七年保持完全的純真，不受制約，讓他這七年為所欲為、完全狂野，當個無信仰的人。他不該皈依印度教、回教或基督教。任何試圖要孩子皈依宗教的人是沒有慈悲心且殘酷的人：他正在毒害一個新生命的靈魂。在這個孩子還來不及問問題前，他就已經得到哲學、教條或意識形態千篇一律的答案。這是一個非常奇怪的現象。孩子還沒問關於神的問題，你就不斷教導他有關神的事。為什麼這麼沒耐心呢？先等一等！

如果有一天這個孩子開始對神感興趣，並詢問你，那麼試著不要只是告訴他你對神的想法——因為沒有人有任何權利壟斷——你應該也要把不同年齡、不同宗教、文化、文明的人對神的看法全部攤在他面前。把所有關於神的觀念擺在他面前，告訴他：「你可以從這裡面選擇你喜歡的，要是沒有適合你的，你可以創造你自己的。如果這一切看起來都不對，你認為你可以創造一個更好的，那麼就創造一個屬於你自己的。萬一你發現你創造不出來，那麼就丟掉這一切；根本不需要。」

人可以沒有神而生活；祂不是實質的需要。很多人過著沒有神的生活，所以神不是非要不可。你可以跟孩子說：「是的，我有我的信念；那也是人們所擁有的許多信念其中之一。你可以選擇它，但我不是說我的信念是正確的。它適合我，但不一定適合你。」

兒子沒有必要和父親意見一致，女兒也沒有必要和母親意見一致。事實上，孩子似乎與父母意見不同會更好。進化就是這麼發生的。如果每一個孩子都和父親意見一致，就不會有進化，如果每一個剛當父親的人，都和自己父親的意見一致，那麼每個人都會停留在上帝把亞當和夏娃趕出來的那個時代——赤裸裸的待在伊甸園門外。每個人都會陷在那裡。

就因為兒子和女兒會反叛他們的父母，反叛他們整個傳統的價值觀，人類才有了進化。整個進化就是對過去的一個巨大的反叛。你悟性（intelligent）越高，就越反對傳統。但是父母喜歡跟他們看法一致的孩子，而譴責愛唱反調的孩子。

如果孩子一直到七歲仍然能夠保持天真，不受其他觀念污染，那麼他就有可能開發他的潛能。孩子的第一個七年最珍貴，而他們卻受到父母、老師、神職人員的掌控。如何從父母、神職人員以及老師的手中將孩子拯救出來是極為重要的問題，這似乎沒有解決之道。問題不在於要如何幫助孩子，問題在於該如何保護孩子。如果你有孩子，保護他免於受到你的傷害。保護他遠離其他可能影響他的人：至少保護他直到七歲。孩子就像一株小植物一樣纖弱、柔軟；一陣強風就足以摧毀它，任何動物都有可能吃掉它。你可以在周圍築一道防護圍籬，但不是監禁它，你只是用來保護它。等植物長更大，圍籬就可以拆除了。

保護孩子遠離各種影響好讓他能夠保持他自己的樣子，只要七年，第一個循環就完成了。在這七年之間，他會奠定基礎、歸於中心，且夠強壯。你不知道一個七歲的孩子有多麼強壯，因為你從不曾見過一個沒有被污染的孩子；你看到的都是受到污染的孩子。他們背負父母和家族的恐懼與懦弱。那不是他們本來的樣子。

如果七年來孩子一直沒受到污染，當你遇到這樣的孩子，你會感到驚訝。他會像劍一般銳利。他的雙眼清澈，洞察力清晰。你會看見他內在的強度，這是你在一個七十歲的成年人身上也不可能看到的，因為成年人的根基搖搖欲墜、惶恐不安。

一個脆弱的根基，就像越蓋越高、基礎卻越來越不穩的建築物一樣。所以你會看到一個人年紀越大，就會越害怕。你年輕時或許是一個無神論者；當你年紀大了之後會開始相信上帝。為什麼會這樣呢？三十歲以前你是嬉皮，你有勇氣對抗社會，你有自己的行事作風：留長髮、蓄鬍子、浪跡天涯、什麼險都敢冒。但到了四十歲，一切都消失了。你開始穿西裝坐辦公室，鬍子刮乾淨，打扮得人模人樣。沒有人認得出你曾經是個嬉皮。

所有的嬉皮都消失到哪裡去了？你先是看到一股龐大的力量，之後他們就像彈藥用盡的空彈殼一樣，變得無力、挫敗、沮喪，並開始試圖出人頭地，他們覺得當嬉皮的那幾年是在浪擲生命。其他人已經遙遙領先：有人成為總統，有人成為總裁，於是人們開始想：「我們真是太蠢了；在我們彈吉他的時候，整個世界已經與我們擦身而過。」他們悔不當初。現在要找到一個老嬉皮真的很不容易了。

所以，如果你身為父母，你需要足夠的勇氣不去干預。對孩子未知的領域敞開，好讓他能夠探索。他不知道自己的內在有什麼，沒有人知道。他必須在黑暗中摸索。不要讓他害怕黑暗，不要讓他害怕失敗，不要讓他害怕未知。給他支持。當他繼續走在未知的旅途時，給他你所有的支持、愛以及祝福。不要讓他因為你的恐懼而受到影響。你可能會有恐懼，但把它留給自己。不要把恐懼放在孩子身上，因為那是在干預。

七年之後，下一個七年的循環週期，七歲到十四歲，是生命另一個新的階段。孩子第一次經驗到性能量的活躍。然而這只是一種排練。對父母而言，養育孩子是個艱難的工作，除非你準備好承擔這份苦差事，否則不要成為父母。人們陸陸續續成為父母，卻不知道自己在做什麼。你把一個新生命帶入存在中，需要費盡一切心思照料他。

現在，當孩子開始進行他的性排練時，就是父母干預最多的時候，因為他們也曾經被干預過。他們唯一知道的，就是他們父母曾經對他們做過的事，所以他們對孩子做一樣的事。社會不允許人們排練性行為，至少到目前為止還不允許孩子在這個階段排練性行為，只有在極為先進的國家才能這麼做。現在，起碼男孩女孩們可以在同一所學校受教育。但在印度這樣的國家，至今大部分的地方只有大學才有男女合校。七歲的男孩和七歲的女孩不能上同一所寄宿學校。這個時期其實沒有任何風險，女孩子不會懷孕，不會為家裡帶來麻煩。這個時期應該允許他們玩所有遊戲。沒錯，遊戲會有性的色彩，但那只是排練；不是真戲。如果你連排練都不允許，突然有一天幕簾掀開時，真戲就上場了！演員不知道該怎麼繼續下去；甚至也沒有提詞員告訴他們該怎麼辦。你把他們的生活搞得一團糟。

生命第二個循環的七年，是性排練的重要時期。孩子們相遇、混在一起玩耍、熟悉彼此。這將有助於人類減少百分之九十的性變態。如果允許七到十四歲的孩子一起相處；一起游泳，坦誠相見，百分之九十的性變態和色情電影、書刊都會自然消失。誰還會想看呢？一個男孩看了這麼多女孩子光著身體，誰還會對《花花公子》這類雜誌有興趣？當女孩看了這麼多男孩光著身體，我不認為他們還會對異性感到好奇；它會消失。他們會以自然的方式一起成長，而不是像兩種不同類型的動物。

然而，他們現在就是這樣成長的，像兩種不同類型的動物。他們被隔開了。他們之間有無數的障礙，讓他們無法排練即將要面臨的性生活。因為少了這樣的排練，人們在真正的性生活中也缺乏前戲。前戲是很重要的——比真正的性接觸更重要，因為真正的性接觸只持續幾分鐘。那並不會讓你滿足，只會把你帶入一個過渡狀態。你會想要更多，但你從性當中得不到任何滋養。

有一句印度諺語說：「Kheela pahad nikli chuhia（挖掉整座山，卻只找到一隻老鼠）。」一切的努力之後——看電影、去舞廳、上餐廳，扯了所有你不喜歡對方也覺得無聊的話題後，兩個人還在聊——挖掉了整座山，到最後只找到一隻老鼠！沒有什麼比性更令人感到挫敗的事。

就在幾天前有人給我一份新車的廣告，廣告詞中有一句妙語我很喜歡。這句話是：「它比性更美好。」我對那輛車不感興趣，但是它的廣告詞很棒！要是你看看四周，你肯定能找到無數比性更美好的東西。性不過是一隻老鼠，在氣喘吁吁、汗流浹背之後，兩個人最後都有被騙的感覺。原因在於，他們不懂性的藝術；你知道的只是中間點。這就像你看一部電影只看到中間幾秒鐘，你當然看不出個所以然；開始錯過了，結尾也錯過了。說不定你看到的那一段剛好是沒有播放任何情節的中場休息時間。

男人做愛之後會感到羞愧；於是他轉身就睡。他根本無法面對這個女人。他感到羞愧，那就是為什麼他轉過身去睡。而女人卻流著眼淚哭泣，因為這不是她所期待的。就只是這樣嗎？那麼，這齣戲的全貌是什麼樣子？原因在於你生命中排練的那個部分已經被你的社會除掉了。你不知道前戲是什麼。

前戲是性愛中最能令人滿足的部分。前戲充滿更多的愛。性只不過是生理的高潮，但是有什麼好高潮的呢？你已經錯過了能夠讓它進入高潮的一切。你以為不用踏階梯，就能一下爬到樓梯的頂點嗎？你必須爬上樓梯，一階一階往上爬，唯有如此，你才能夠到達頂點。但現在每一個人都直接埋頭衝向高潮。

大多數人的性生活只是一種釋放。沒錯，在那一個片刻，你感覺如釋重負，就像打了一個過癮的噴嚏。打完噴嚏的感覺有多棒啊！但能持續多久呢？打完噴嚏之後你能愉快多久呢？你能誇耀多久：「我打了一個噴嚏，感覺真棒。」隨著噴嚏消失，所有的喜悅也消失了。那根本是有東西正在打擾你，現在那個騷擾結束了，所以會有一點放鬆。這就是這個世界上大部分人的性生活。有些能量打擾你，讓你覺得沉重，轉而變成頭痛。然而性會讓你得到舒緩。

孩子被撫養長大的方式，幾乎扼殺了他們的整個人生。那七年的性排練絕對是必要的。女孩男孩應該一起上學、一起住宿、一起游泳、一起睡覺。他們應該為即將到來的生活進行排練；他們應該做好準備。如果孩子有全然的自由探索他正在發展的性能量而不受到譴責與壓制，就不會有危險，也不會有問題。但是，事情就是這樣在進行。你活在一個非常怪異的世界裡。你因性而生，為性而活，你的孩子也將因為性而出生——但性卻是最受譴責的事，最深重的罪孽。你們所有的宗教一直不斷在你的腦中灌輸這種無聊的觀念。

這個世界有許多人，到處充滿你想像得到的扭曲與精神問題，最簡單的理由是，他們從來不被允許以自然的方式成長。他們從來不被允許去接受他們自己。他們全都變成幽靈。他們不是真正的人，他們不過是某個被接受的人的影子而已。

第二個七年很重要，它為你即將到來的七年作準備。如果你確實做好你的功課，如果你以運動家的精神運用你的性能量——在那幾年裡，那是你唯一擁有的活力——你將不會變成性變態，你腦中不會出現那些奇怪的念頭。你反而會以自然的方式接近異性，異性也會自然地接近你。不會有阻礙，你也不會做任何不對的事情去違逆任何人。你的內在是純淨的，因為沒有人對你的頭腦灌輸什麼是對、什麼是錯的觀念：你就只是單純的做你自己。

接下來，從十四歲到二十一歲是你的性成熟期。了解這個階段的意義很重要：如果之前性排練得好，在這七年的性成熟期會有不可思議的事情發生，這可能是你從來都沒想過的，因為沒有人給過你這樣的機會。我告訴過你，第二個七年的循環，七歲到十四歲，它給予你前戲的瞥見。所以第三個七年的循環將會給予你後戲的瞥見。你依然跟女孩或男孩在一起，但現在你的本性裡開始了新的階段：你開始談戀愛。

這個時期還不是生理上的興趣。你並沒有興趣生小孩，你還沒有興趣成為先生或太太，還沒有。這是浪漫遊戲的階段。你對於美的事物較感興趣：愛、詩、雕像，所有各式各樣的浪漫。一個人除非有一點浪漫的品質，否則永遠不會知道什麼是後戲。性只是中間那一段。前戲越長，越有可能達到高潮；越有可能達到高潮，就愈能夠為後戲作最好的開場。一對情侶除非知道什麼是後戲，否則他們永遠不知道什麼是完整的性。

現在有一些性學家正在教導前戲。教出來的前戲不是真的前戲，但是他們現在在教這件事；至少他們已經認清一個事實，沒有前戲，性就無法入進高潮。但他們不知道該怎麼教後戲，因為當一個男人達到高潮，他就不再有興致了。他完事了，工作完成了。後戲需要一顆浪漫的心、如詩的心，一顆懂得感謝、感激的心。這個人，無論是女人或男人，把你帶入這麼美的高潮，需要你的一些感激：後戲溫存就是你的感激。除非有後戲溫存，否則你的性愛是不完整的；不完整的性愛是造成人類諸多麻煩的一切根源。只有在前戲與後戲完全平衡的情況下，性才能到達高度感官的愉悅。就在這樣的平衡中，高潮轉入極度的狂喜。

「orgasm——狂喜」這個字必須被理解。它代表你整個存在，你的身、心、靈，你的一切——整個投入，活生生地投入其中。這時它就成為靜心的片刻。對我而言，如果你的性最後沒有成為靜心的片刻，你就還不知道性是什麼。你只是聽過，讀過；而那些描寫性的人對它根本一無所知。我讀過數百本被視為偉大的專家寫的談論性學的書，他們是「專家」，但他們對內在深處那個靜心綻放的神殿一無所知。孩子因為平凡的性愛而出生，靜心卻是透過超凡的性愛而誕生。

動物會生孩子；這沒什麼特別。只有人類能夠在性高潮的中心點體驗到靜心。唯有十四歲到二十一歲的年輕人，被允許擁有浪漫的自由時才有可能出現。

二十一歲到二十八歲是他們安定下來的階段。他們可以選擇一個伴侶。現在他們有選擇的能力：根據過去兩個循環的成長經驗，他們能夠選擇合適的伴侶。沒有人可以為你做這件事。它比較像是直覺——不是算數，不是占星術，不是手相，不是易經，什麼都不是。那是一種直覺。在接觸過很多很多人之後，突然間兩個人一拍即合，那是之前跟任何人從來不曾有過的契合。這種契合非常肯定、非常絕對，你甚至不能懷疑它。即便你試圖懷疑也辦不到，那個契合如此強烈到使你想要安定下來。

在二十一歲到二十八歲這段時間，如果一切按照我所說的順利進行，沒有別人的干預，那麼你會安定下來。接著生命中最令人愉快的時期來到，從二十八歲到三十五歲之間——最喜悅，最平靜，也最和諧的時期，因為此時兩個人互相融入、沉浸在彼此之中。

三十五歲到四十二歲，是另一個新的階段，此時一扇新的門被打開了。如果你在三十五歲已經經驗過深度的和諧、高潮，同時也透過它發現靜心，那麼三十五到四十二歲這段時間，你們會彼此幫助對方，不必經由性愛而越來越深入靜心，因為這時，性開始看起來很幼稚，很孩子氣。

四十二歲應該是很清楚知道自己是誰的年紀。從四十二歲到四十九歲，他越來越深入靜心，越來越進入自己，同時以同樣的方式幫助伴侶。伴侶成了朋友。不再是「先生」，也不再是「太太」；那個時期已經過了。它曾經豐富你的生命；現在還有比它更高的東西正在成長。那是友誼，一種慈悲的關係，幫助對方更深入他或她的內在，變得更獨立、更單獨，就像是兩棵依然靠近彼此但各自直立生長的樹，或是廟宇兩根支持同一片屋頂的柱子——站的很近，卻分開、獨立且單獨。

從四十九歲到五十六歲，單獨成為你的焦點。世上的一切正在失去它的意義。唯一有意義的就只剩下單獨。

從五十六歲到六十三歲，你完全變成自己想要成為的樣子：你的潛能如花朵般綻放；從六十三歲到七十歲，你準備好放掉這個身體。現在你知道你不是這個身體，你也知道你不是這個意念(mind)。當你三十五歲左右時，你開始知道身體與你是分開的。在你快要四十九歲時，你開始知道到意念與你是分開的。現在，除了觀照本身之外，一切東西都丟掉了。只剩下純粹的覺知，覺知的火焰伴隨著你——這就是為死亡做的準備。

七十歲是人類自然壽命的年限。如果一切都以自然的方式進行，那麼人會帶著無比喜悅、極度狂喜死去，一個人會感到無限喜樂，因為生命不是沒有意義的，至少他已經找到他的家。也因為這份豐富、這份滿足，一個人有能力祝福這整個存在。如果能夠在這樣的人死亡時在他身邊會是一個很棒的機會。當這個人離開身體的時候，你會感覺好像有看不見的花朵灑落在你身上。你看不到它們，但你感覺得到。那是一種全然的喜悅，如此純潔，光是淺嚐就足以蛻變你的整個生命。

‧‧‧

覺知的燭光

有人問我：「如何開始走向愛的旅程？」你在問這個問題的同時，就已經開始了這個旅程；你正在旅程上。要明白，你在不知不覺中，已經在旅程上了：那就是為什麼你覺得必須開始這個旅程。認出它，意識到它，而這個認知就是開始。

你總是不斷前進，要往某個地方去——無論是有意、無意、願意、不願意，總之，你總是在前進——某種巨大的力量一直持續在你的內在運作著。存在一直在進化，它不斷在你內在創造出一些東西。所以問題不在如何開始這個旅程；問題在於如何認出它。它本來就在那裡，但你沒有認出來。

例如，樹枯了，但它們並不知道。鳥兒或動物死了，但牠們不知道。只有人類知道自己一定會死，即便如此，人類對它的認知也非常模糊。對生命也是如此——鳥兒充滿活力，但牠們不知道牠們是活的。如果你不知道死亡又怎麼會知道生命是什麼呢？如果你不知道你即將死去，又怎麼能夠知道你是活著的呢？這兩者的認知是一致的。鳥兒、動物和樹木都是活生生的，但是它們不知道它們是活著的。

人類知道一點，知道他快死了，但那個認知仍然模糊不清，隱藏在濃密的煙霧之中。同樣地對生命也是如此：你活著，但你並不真的知道活著的意義是什麼。若有，也是模糊不清的。當我說認知到它，我的意思是，開始覺知到已經在進行的生命能量是什麼。開始覺知到自己這個存在正朝向愛的旅程。而當你來到一個完全覺醒的點，周圍甚至連一點點黑暗都不存在時，就是旅程的結束。事實上，這個旅程從來沒有開始也沒有結束。你甚至在那之後還是會繼續下去，但接下來的旅程將會是一個完全不同的意義與品質：它將會是純然的喜悅。而現在，是徹底的苦難。

「如何開始走上愛的旅程？」開始更覺知你的行動、你的關係、你的移動。不論你做什麼。無論你在做什麼，甚至連走路這種稀鬆平常的事情，都要試著去覺察它。試著在全然的覺知中踏出你的腳步。佛陀過去常對他的門徒說：當你踏出右腳時，記住，現在這是右腳；當你踏出左腳時，記住，現在這是左腳。當你吸氣時，記住：「我現在正在吸氣。」當你吐氣時，記住：「我現在正在吐氣。」你不需要說出來，不是要你用話語說：「我正在吸氣。」而是要你覺察到你正在吸氣。我在對你說話，所以我必須用語言，但是當你變得覺知的時候，你不需要使用語言，語言是煙霧的一部分。不要用語言，只要感覺你正在吸氣，空氣充滿你的肺，然後淨空。只是看著，你很快會有一個認知，一個重大的認知，那就是：並非是呼吸在進進出出，而是生命本身在運作著。每一次吸氣，都是生命灌注它的能量給你。每次吐氣都是死亡的片刻。透過每一次呼吸，你死亡後又重生。每一次呼吸都像是一次受難與一次復活。（譯註：奧修以耶穌受難與復活比喻生死。）

當你看著你的呼吸，你會了解到一種信任。

當你吐氣，你不一定能夠再次吸氣。你憑什麼肯定呢？誰能保證？誰能夠保證你能夠再度吸氣？但不知道為什麼，有一種很深的信任存在；你知道你會繼續呼吸。否則你會不敢呼吸。如果你開始害怕——「誰知道我吐氣之後，如果經歷這個小小的死亡，有什麼能讓我確定我還能再度吸氣呢？如果我無法再吸氣，我就最好別吐氣。」——那麼你馬上會死！如果你停止吐氣，你會死。但你沒有這麼做，因為有一種很深的信任存在。那個信任是生命的一部分，是愛的一部分。沒有人教過你。

一個孩子第一次學走路時，他懷著無比的信任，知道他以後可以走路。沒有人教過他。他只是看過人們走路，如此而已。但他如何得到「我可以走路」的結論呢？他這麼小。大人這麼大，跟他相比，大人像巨人一樣，他知道只要他一站起來就會跌倒——但是他還是繼續嘗試。因為信任已內建在他裡面；信任在你生命的每一個細胞裡。這孩子會嘗試，他會跌倒很多次；他會一再一再的嘗試。有一天，信任會戰勝一切，於是他開始能夠走路了。

如果你看著你的呼吸，你將覺知到一種更深的信任，生命中一種微妙的信任——沒有懷疑，沒有猶豫。如果你走路，帶著覺知走路，你會慢慢覺察到不是你在走路，而是你「被走路」。那是一種非常微妙的感覺，生命透過你在進行，而不是你自己在進行。當你覺得餓，如果你夠覺知，你會知道是生命在你裡面感到飢餓，不是你。

當你變得更覺知，你會意識到這個事實：只有一樣東西是你擁有的，唯一你能夠說是你的，那就是：觀照。其他一切都屬於這個宇宙所有；唯有觀照屬於你。但當你開始覺察到觀照時，甚至「我」這個概念也會融解掉。那也不屬於你。它是黑暗的一部分，是聚集在你周圍的雲霧。在明亮的光之中，天空清朗，烏雲盡散，陽光燦爛，就不可能有任何「我」的概念存在。只要單純的觀照；沒有任何東西屬於你。觀照就是這個旅程的終點。

如何開始這趟旅程？開始變得越來越覺知。無論你做什麼，帶著深深的覺知去做；那麼甚至小事也會變成神聖的。煮飯或打掃都會變成神聖的；它們變成禮拜的儀式。重點不在於你做什麼；重點在於你怎麼做。你可以像個機器人一樣無意識的掃地；因為必須打掃，所以打掃。那麼你就錯過了某些美好的東西。你浪費了那些片刻，只是在掃地而已。掃地可以是一個很棒的經驗，但你錯過了它。地板現在乾淨了，但某些內在可能發生的東西並沒有發生。如果你是覺知的，不只地板，你自己也會感到一種深層的潔淨。

以全然的覺知去打掃。不論工作、坐著、走路……，讓你的生命充滿越來越多覺知的片刻。讓這覺知的燭光在每一個片刻、每一個行動中燃燒。累積的結果就是開悟。這個累積，將所有的片刻加起來，所有的小蠟燭聚在一起就變成巨大的光源。

第 2 部
愛是微風

盡情享受浪漫

不要以為愛一定是恆久不變的。這樣才會讓你愛的生活更美好，因為你知道今天你們在一起，而明天或許得分離。

愛像一陣清涼、芬芳的微風吹進你家，充滿一屋的清新與芬芳。只要存在允許，愛就會留下，然後再離開。你不該關上所有的門，否則，這股清新的微風會變得渾濁。生命中的每一件事都在改變。改變是美的；它會帶給你越來越多的經驗、越來越多的覺知、越來越多的成熟。

・頭腦無意義的觀念

愛是唯一的信念，唯一的神，唯一必須被實踐、被領悟的奧祕。當你了解愛，你也就了解了世界上所有的聖哲與神祕家。這沒什麼難的，它跟你的心跳、呼吸一樣簡單。你生來就有愛，不是社會給你的。這就是我要強調的重點：愛是你與生俱來的，不過，它就像其他還沒有發展的東西一樣還不成熟；它必須成長。

社會利用了這個斷層。孩子的愛，要花時間成長；在這段期間，社會不斷用不正確的愛的觀念制約孩子的心，而這些觀念都不是真的。等到你準備好要去探索愛的世界時，早已塞滿太多關於愛的垃圾，已經不太能期待你有能力去發現真正的愛，並且拋棄虛假的面目。

舉例來說，每一個孩子都以一千零一種方式被教導：愛是永恆的，一旦你愛一個人，你就會永遠愛他。如果你愛一個人，後來覺得不愛了，那表示你一開始就沒愛過他。這是一種非常危險的想法，它給你一種愛是永恆不變的觀念，但生命中沒有什麼是永恆不變的。清晨花開了，傍晚它們就謝了。

生命是一種連續不斷的改變，一切都在改變，一切都在變動。沒有什麼是靜止的，也沒有什麼是永恆的。你被灌輸的這個「永恆之愛」的觀念會摧毀你的一生。你會在這可憐的女人身上期待永久不變的愛，這個女人也會從你身上期待永恆不變的愛。

結果愛變成次要的，而永恆變成首要的事。然而，愛是一朵如此纖細的花，你無法強迫它永遠不會改變。你可以擁有塑膠花；那就是一般人擁有的——婚姻、家庭、孩子、親戚，一切都是人為塑造出來的。塑膠花可以永恆存在，但真正的愛是不確定的，正如你的生活也充滿不確定。你不能肯定你明天是否還在這裡，你甚至無法肯定下一個片刻你還活著。你的生命一直不斷在改變——從童年到青少年、中年、老年、死亡，一直不斷在改變。

真正的愛也會改變。

有一個可能是，如果你成道了，你的愛會超越生命的一般法則。它既不會改變，也不是永恆；它就「是」。它不再是如何去愛的問題了；你已經成為愛，所以無論你做什麼，都是愛。並不是你刻意做了什麼特別具有愛的事情；而是無論你做什麼，你的愛都貫穿在其間。但在你成道之前，你的愛和其他事物一樣，會一直不斷改變。

如果你了解愛是會變的，那麼當你的伴侶偶爾對某人感興趣時，你必須了解她、愛她、關心她，並且允許她可以跟隨自己的感覺——這是你對你的伴侶證明你愛她的機會。你愛她；即使她愛上別人也無所謂。有了這份了解，你的愛就有可能持續，但要記住，它不是永恆，它起起伏伏、它會變化。

要明白這個道理很簡單。你剛開始談戀愛的時候，還太年輕，沒有經驗；當你成為一個成熟的人，你的愛怎麼還會一樣？你的愛也會到達某種成熟的階段。你年紀更大，你的愛也會有不同的風味。愛一直不斷變化，有的時候，愛真的需要一個改變的機會。在一個健康的社會裡，這樣的機會會被接受，同時你與某人的關係也不會因此破裂。

你也有可能在生命中換好幾次伴侶。這無傷大雅。事實上，你會因為換過幾次伴侶而更豐富你的生命，如果整個世界聽得懂我說的愛，這個世界將會更豐富。

但是錯誤的觀念摧毀了所有的可能性。當你的伴侶盯著別人看的時候，他只是看，他的眼睛只是流露出欣賞而已，妳就抓狂了。妳希望這個男人對路上的美女、電影裡美麗的女明星都不感興趣；妳希望他除了妳之外，對任何女人都不感興趣。妳不了解人類的心理。如果他對路上、電影裡的女人不感興趣，他怎麼會對妳感興趣呢？他對其他女人的興趣就是對妳感興趣的保證，這表示你們的愛還有可能持續下去。

但我們的行為正好相反。男人試圖讓他們的女人只對自己感興趣；他們認為自己才是女人唯一的焦點，她全部的重心。女人也這麼要求男人，兩個人都把對方逼瘋。只對一個人專情，最後一定會把你搞瘋。

為了更輕鬆愉快、更活潑有趣的生活，你必須保持彈性。你要記住，自由是最高的價值，沒有自由的愛，就不是愛。

自由是唯一的準則：任何能帶給你自由的事就是對的，任何破壞你自由的事就是錯的。如果你記住這個生活的小準則，慢慢地，一切都會走在正確的途徑上：你的關係、你的靜心、你的創造力，你的一切。

丟掉那些老舊、醜陋的觀念。在印度，數百萬女人被丟進過世先生的火葬柴堆裡被活活燒死。這說明了先生的佔有欲如此強烈，不但活著的時候佔有這個女人，甚至怕他死後會發生的事！那時他什麼也不能做，所以最好讓這個女人陪他一起死。

你也看得出來，這樣的事只發生在女人身上——一萬年來從來沒有一個男人跳進女人的火葬柴堆裡。它意味著什麼？意味著只有女人愛男人，男人不愛女人嗎？意味著女人沒有自己的生命嗎？只有先生的生命才是她的生命；先生死了她也得死嗎？

如此荒謬的觀念已經在我們的頭腦中定型了。你必須不斷清理。一看到頭腦浮出荒謬的念頭，清除它，丟掉它。如果你的頭腦乾淨清晰，就能為生活中發生的所有問題找到解答。

問題

最近我發現，我無法正視一個男人，更不用說去愛他了。我接受我母親對男人憤怒的制約。當一個男人帶著愛走近我，我就會逃開，結果反而使他更熱烈的追求我。我玩的這個把戲很醜陋。請幫助我丟掉這個垃圾，好讓我能去看男人，去了解他們的美、他們的禮物以及他們的愛。

如果妳真的要丟掉這個垃圾，必須覺知到妳母親就在那些垃圾當中，這危害了妳。妳已經受到母親的毒害。妳的一百個問題中，差不多有九十個都是源自於妳的母親，因為孩子是在母親的子宮裡長大的。即便是在子宮裡，母親的心情和情緒也會影響他。如果這個母親一直生氣、難過、憂鬱或挫折，如果她不想生孩子而先生強迫她，如果她不是心甘情願的懷了這個孩子，所有這些事情都會影響這個孩子頭腦的基本結構。在孩子形成的過程當中，母親不只在肉體影響這個孩子，她的心理也會影響這個孩子。

一個母親懷孕時必須非常小心，因為她的肚子裡正在孕育一個新生命。她做的任何事——和先生吵架、與鄰居爭執，或因任何事情覺得挫敗——都是毒害這孩子頭腦的根源。孩子甚至在尚未出生以前就受到侵害了。

不是只有你的母親對男人不滿。絕大多數的女人都對她們的先生感到憤怒。先生也一樣；大多數的男人也對自己的太太感到生氣。父親的憤怒不會影響孩子太多，因為孩子的生命是從母親子宮開始的，他在母親的庇蔭下成長，不是父親。父親只是偶然出現的訪客。他早上可能親孩子一下，拍拍他，就去辦公室了。晚上可能回來跟孩子說幾句話而已；而一整天，孩子都是和母親學習一切。

這就是為什麼所有的語言都稱為「母語」，因為母親懷孕時父親沒有機會跟孩子說話！母親說話，父親聆聽——孩子是和媽媽學習語言。不只是語言，還有她對一切事物的態度。

但是到目前為止，我們的生活大部分仍是由男人所管理。這是一個由男人掌控的社會，幾世紀以來，女人不曾有過地位。女人總是不同情女人，這令人感到非常奇怪。而她們的頭腦又受到一種制約，讓她們會去同情男人。

這種事偶爾也會發生，就像這位發問者一樣，女人內心深處承擔著母親的感受。母親一直反抗男人——我不認為她為什麼不該這樣；她有理由。這個理由絕對充分，但這麼做對人類社會沒有幫助，無法創造一個更好的未來。

過去的就過去了。妳應該開始用全新的眼光看男人——特別是以這樣的角度，盡我們一切努力去揭開制約，解除那些催眠我們自己的制約。你的垃圾必須全部丟掉；你必須卸下重擔，輕盈起來，這樣你就會有你的理解、你的洞見。

這個社區的女人都是受過教育的。妳有經濟獨立的能力，妳和所有的男人一樣聰明。妳不需要對男人生氣。如果妳母親感到憤怒——或許是她沒有受過教育，或許她在經濟上無法獨立。她想在開闊的天空裡飛翔，卻被關在籠子裡。但妳不是。

這就是為什麼我在印度無法跟大多數人溝通的原因之一：男人不願意聽我說的，我的話和他的掌控、他的權力相牴觸。女人沒辦法了解我，她沒有受過教育，就算她能了解我，又沒有獨立的經濟能力；她無法反叛這個男人主導的社會。印度大部分的地方都沒有女性解放運動——連談都沒有人談。從來沒有女人想過女性解放的可能性。她已經失去一切的希望。

妳的情況不同。妳來自一個可以接受教育的國家，教育使妳在經濟上獨立。妳不需要當一個家庭主婦；妳沒有必要非結婚不可。妳不需要婚姻就可以跟妳愛的人住在一起。

女人必須為此而戰，女人必須讓婚姻變成是一種絕對的個人事件，政府、國家、社會，沒有任何人可以干涉。

妳跟妳母親的情況完全不一樣。承接她的憤怒與制約是很愚蠢的。原諒她，忘了她，因為如果妳一直懷著對男人憤怒的制約，妳絕對感受不到完整，因為一個沒有能力去愛的男人和女人會覺得自己不完整、感到挫折。

這樣下去，會產生惡性循環。妳的憤怒阻止妳去愛，因為愛意謂著妳要放下對男人的憤怒，並朝向完全相反的另一端——用愛，不是憤怒；用愛，不是恨。一個很大的進展需要勇氣。惡性循環是因為妳憤怒的制約使妳無法愛男人，妳無法愛男人，所以越來越挫敗，妳的挫敗讓妳更憤怒——這就是惡性循環。憤怒產生挫敗；挫敗使妳更憤怒、更極端、更反對男人。這又製造更多的憤怒，然後這個循環越來越深，妳幾乎不可能從中跳脫出來。

妳必須從頭開始。第一件事是，試著去了解妳母親生活在一個不同的環境裡。她的憤怒情有可原。妳的情況不同，妳頭腦裡裝著母親的想法，實在很沒道理。妳必須活出妳的生命；不是活在母親的生命裡。她受苦，但妳為什麼要在這世界製造更多的苦難呢？妳為什麼要成為一個殉道者呢？

對妳的母親慈悲——我不是要妳對母親帶給妳的制約感到憤怒。這會再度引發妳的憤怒，把發洩怒氣的對象從男人轉移到母親身上。不是的，妳必須完全丟掉憤怒。妳的母親需要妳的慈悲；她一定曾經受過苦導致她憤怒。但妳並沒有受苦。妳可以將憤怒放在旁邊，以新的眼光去看男人。如果讓女人受苦是他們上一輩的必然，他們沒有能力去彌補。發生的已經發生了。他們內心對於男人對女人做過的事情會感到深深的歉意。這些是不同類型的男人。

我正試著創造一種新人類的可能性：不受過去毒害、不再延續過去。這是一件困難的工作，簡直就像是用頭去撞牆一樣。但我決定繼續撞——我信任我的頭！這道牆又老又舊。它或許會傷害我，但總有一天它一定會倒下來；它的時間到了。它已經超過它的壽命。

所以要多靜心，當母親的聲音在對妳內在說話時，妳要覺知。慢慢地，讓這個聲音沉睡。不要聽；它會攪亂妳整個人生。妳必須學習如何愛。男人被愛，就會變得更客氣、更可愛、更有教養。他的角不見了，變得溫柔起來。因為愛，女人開始綻放；否則她將一直是個不會綻放的花苞。唯有在愛之中，當愛的陽光升起，她才會展開她的花瓣。唯有在愛之中，她的眼睛開始有了不同的深度、不同的光澤；她的臉開始泛起喜悅的光采。因為愛，她有了深度的蛻變；她變得成熟。

所以，擺脫母親無意識給妳的制約。妳無意識的接受了它。擺脫它的方法就是意識到它。妳問了這個問題，是個好的開始。這是意識的開始——只是剛開始。妳必須再深入的完全改變妳的頭腦，讓它更新、不受制約、敞開接受。

這個制約讓妳一直在玩這個醜陋的遊戲：每當男人因愛靠近妳，妳就逃跑，那當然會鼓勵他繼續追求妳。妳享受他的追求。每個女人都喜歡那樣。那是醜陋的，妳沒有覺知其中更深的含意。它意味著妳是獵物；男人是獵人，他正在追逐獵物。妳不知不覺將主權交給男人。傳統思想一直在告訴妳，主動求愛應該是男人做的事，不是女人；女人這麼做有損女人的美德。這些都是迂腐的想法——為什麼從一開始就要當老二？如果妳愛一個男人，為什麼要等待？我知道有很多女人已經等好幾年，她們要男人主動。但她們愛上的是那種不主動的男人。

我知道孟買有一個女人愛上了克里希那穆提(J.Krishnamurti)。她終身未嫁，等著克里希那穆提主動追求她。她是一個非常美麗的女人，可是克里希那穆提完全滿足於自己的內在，他不需要別人讓他完整。他顯然從未主動過。這個女人基於幾千年來的制約，當然也不會主動；因為她認為這有損女性美德，這是「沒有教養」。

女人真的沒有道理等著男人主動。如果女人愛上某個男人，她應該採取主動，如果男人沒有意願，她也不應該覺得丟臉。這會讓他們更平等。這些小事會讓女性解放成為可能。

但一直以來，女人總是想當「獵物」。她試圖以各種方法引誘男人，利用她的美麗、服飾、香水、髮型——用盡心思打扮。她吸引男人的注意，一旦這個男人被吸引住了，她就開始逃。但她不會跑太遠，她會不斷回頭看，看這傢伙有沒有跟來。如果他落後得太遠，她會等。等他又追上來，她再開始跑。

這麼做很愚蠢；愛應該是一件純潔的事。你愛某人，你表達你的愛，你跟對方說：「你沒有義務要答應；如果你拒絕，我會完全尊重你的想法。這只是我的渴望。你不需要勉強答應我，除非你也愛我，否則你的同意是危險的。唯有如此，我們的生命才會成為完整。」

男女之間的愛可以很容易進入靜心。靜心與愛是如此相似的現象，你進入靜心，愛的能量會開始湧現。你真的愛上一個愛你的人，你靜心的能量也會開始成長；兩者是非常深刻連結的經驗。因此，我兩者都支持。

問題　我聽你談過自我以及如何透過覺知而知道它並不存在。但我發現我從來沒有把注意力放在覺知上。可否請你告訴我變得更覺知的方法？

愛本身就夠了，如果你的愛不是一般平凡、生理本能的愛。如果愛不是你自我的一部分、不是操控某人的權力遊戲——如果你的愛是純粹的喜悅，一開始對對方就是毫無理由的欣喜，全然開心——覺知便會如影隨形的跟著這純粹的愛。你不需要擔心覺知的事。

方法只有兩種：一種是覺知，愛會如影隨形；或者，你變成愛，覺知自然會出現。它們是銅板的兩面。你不需要擔心另一面；只要繼續握著其中一面，另一面不會跑掉！另一面一定會出現。

愛的途徑比較容易、比較浪漫、比較天真、比較單純。

覺知的途徑會有一點艱辛。那些無法去愛的人，我建議他們走覺知的途徑。某些無法愛的人——他們的心已經變成石頭了。他們的教養、文化、社會扼殺了他們愛的能力，因為這個世界不是用愛，而是以奸詐狡猾在運作的。要在這個世界功成名就，你不需要愛，你需要一顆冷酷的心以及精算的頭腦。事實上你根本不需要你的心。

在這個世界上，有心的人被壓榨、被剝削、受壓制。這個世界以狡猾奸詐、小聰明、殘酷無情在運作。整個社會都用這樣的方式在操縱，因此每一個孩子開始失去他的心，能量也開始直接導向頭腦。心被忽略了。

我聽過一則西藏古老的寓言，心臟原本是在身體正中間的位置。但不斷被推擠而歪到一邊，現在它不再處於身體的中間位置。可憐的傢伙還在路邊等——「如果有一天你需要我，我在這裡。」——沒有滋養，沒有鼓勵。不但沒有，還受盡各種譴責。

如果你做了什麼事然後說：「我這麼做是因為我感覺要這麼做。」每個人都會笑說：「感覺？你昏頭了嗎？做這件事要有你的理由，要合你的邏輯。感覺不是一個做任何事情的好理由。」

甚至連你戀愛了，也必須找出你為什麼會墜入愛的理由：因為這個女人的鼻子很美，她的眼睛很有深度，身材很好。這些都不是理由。你絕對不會用你的計算機計算這些理由，然後發現這個女人似乎值得愛：「去愛這個女人——鼻子長度、髮型、膚色、身材比例都合乎標準。你還有什麼不滿足的？」

沒有人這樣談戀愛的。你戀愛了。只為了不讓周圍的白痴把你當傻瓜，所以你計算一切，唯有如此你才採取行動，讓它是合理、有理性、合乎邏輯的一步。

沒有人傾聽心的聲音。

頭腦總是喋喋不休，不斷的嘮叨——一直唸，一直唸——就算有時心說了些什麼，你也絕對聽不到。你聽不到。你頭腦裡的菜市場太吵了，所以心絕不可能有機會。慢慢地，心一句話也不說了。一次又一次沒有人在聽、一次又一次沒人要理，它乾脆不說了。

頭腦在操縱這個社會；否則我們會活在一個完全不一樣的世界——更多愛、更少恨、更少戰爭，也不可能有核子武器。心一向不支持毀滅性的技術發展。心從不會服務死亡。它是生命：為生命脈動，為生命悸動。

因為社會的整體制約，我們必須選擇覺知的方法，因為覺知看起來很邏輯，很理性。但如果你能夠愛，就沒有必要走這條冗長、艱辛的途徑。愛是最短、也最自然的路徑——它容易到甚至連小孩也可能進行。它不需要訓練。你生來就有這個品質，它不會被別人污染。

但愛必須是純淨的，不應該有雜質。

如果你知道英文的「love」是來自梵文一個非常醜陋的字根時，你會很驚訝。它來自「lobh」。Lohh的意思是：貪婪。

一般的愛是一種貪婪。這就是為什麼有人愛錢，有人愛房子；有人愛這個愛那個。他們愛男人或女人也只是出於他們的貪婪；他們想佔有一切美麗的事物。它是一種權力的遊戲。因此，你會看到愛人們不斷爭吵，為了兩個人都會不好意思的雞毛蒜皮瑣事而爭吵，「我們一直在吵什麼啊！」當他們單獨一個人靜下來時，他們納悶著：「我是被鬼附身了嗎？為這種無聊的小事吵架，太沒意義了！」但是問題不在雞毛蒜皮的事，問題在誰有權力，誰比較佔優勢，誰的聲音比較大。

愛無法存在這樣的環境中。

我聽過一個故事：

在印度偉大帝國之一的阿克巴爾(Akbar)大帝時期有一個小故事。他賞識各種有才能的人，他從印度全國延攬了九個人，每個都是才華洋溢的天才，他們是人人皆知的

「阿克巴爾宮廷的九顆寶石」。

有一天，阿克巴爾剛好跟他的臣子們閒聊，他說：「昨晚我和我太太在討論。她堅持所有的先生都怕老婆。我極力反駁，但她說：『我認識許多家庭，從來沒見過任何一個不怕老婆的先生。』你們有什麼看法？」他問這些臣子。

其中一個臣子伯巴勒(Birbal)說：「或許她是對的，因為你無法證明。你自己是怕老婆的先生；或者你可以痛打她一頓，證明你是她的先生，你才是家裡的老大。」

阿克巴爾說：「我不能這麼做，因為我還得跟她住在一起。要別人去打他的太太很容易。你會打你太太嗎？」

伯巴勒說：「不，我不會。我承認我是個怕老婆的先生，你太太是對的。」

但阿克巴爾說：「無論如何，我要證明這件事。在這個城市裡，一定有一個不怕老婆的先生。世界上所有的準則都會有例外，而這完全不合乎科學。」他對阿克巴爾說：「帶著我兩匹漂亮的阿拉伯馬——一黑一白——在城裡四處走訪。如果你找到一個不怕老婆的男人，你可以讓他選任何一匹馬，當作是我送他的禮物。」馬在當時非常珍貴，這兩匹都是最漂亮的馬。

伯巴勒說：「沒用的，不過既然你都說了，我就這麼做。」

他去了，發現每個人都怕老婆。這個一點都不難！伯巴勒只是叫男人和他太太到他們的家門前，然後問那個男人：「你怕不怕老婆？」

男人會看著老婆說：「你應該在我獨自一個人的時候問才對。這樣不行，這樣會引起不必要的麻煩。我不會為了一匹馬毀了我的一生。把你的馬帶走，我一匹也不要。」

然後他遇到一個人正坐在他的房子前面，旁邊有兩個人在幫他按摩。他是摔跤冠軍，一個非常強壯的人。伯巴勒想：「或許這個不用武器就可以殺死任何人的男人，有可能不怕老婆。他只要勒住你的脖子，你就沒命了！」伯巴勒說：「我可以問你一個問題嗎？」

這個男人站起來說：「問題？什麼問題？」

伯巴勒問他：「你怕老婆嗎？」

這個男人說：「首先，讓我們彼此問候一下，怕老婆的人。」他掐緊伯巴勒的手說：「除非眼淚從你的眼裡流出來，否則我不會放開你的手！你居然敢問我這種問題？」

伯巴勒差點死掉——他本是個非常堅強的人，但卻開始流下了眼淚，他說：「放開我！你不怕老婆！我確定我是來錯地方問錯事了。但是，你太太在哪裡？」

這個男人手指著說：「看，她在那裡為我準備早餐。」一個非常嬌小的女人正在準備他的早餐。

女人非常嬌小，而男人這麼壯大，伯巴勒心想或許這個男人真的有可能不怕老婆。他有能力殺了這個女人！所以他說：「我不用再找了。你可以從這兩匹馬之中，白色或黑色，選一匹馬，這是國王賜給不怕老婆的男人的獎賞。」

就在這時，小女人說話了：「不要選黑色的！選白色的，否則我會讓你下地獄！」

男人說：「不，不，我正要選那匹白色的，妳安靜。」

而伯巴勒說：「你得不到白的也得不到黑的。結束了，你輸了。連你也是個怕老婆的男人。」

夫妻因為主控權而不斷爭吵。愛在這樣的氣氛中無法綻放。男人在世界上為了各種野心而奮戰。女人跟男人爭吵，因為她害怕：「他整天不在家，誰知道？他搞不好有外遇。」她嫉妒、心疑；她要確定這個男人依然在她的控制中。所以，在這屋子裡，男人要跟太太爭吵，在外面要跟世界奮鬥。你認為愛的花朵能夠在哪裡綻放？

愛的花朵只有在沒有自我、沒有操控、虛飾，不試圖成為重要人物，準備好當一個默默無聞的人時才會開花。然後覺知會自然而然出現，這是最美的方法，最單純的方法：一條充滿花朵的道路，一條穿越美麗的湖畔、河流、樹林、綠葉的道路。

如果你能夠放鬆的敞開心，那麼覺知是沒有必要的；愛自然而然會出現。愛的每一步都會帶來覺知。這樣的愛，將不是墜入愛中，我稱它是從愛中升起。

問題　一個女人如何能夠沉浸在愛之中，同時歸於中心和自己的個體性中？

這個問題有許多含意。

首先，妳還不了解歸於中心的意義。其次，妳還沒有真正經驗過愛的現象。我絕對有權威這麼說，因為妳的問題透露出我所說的事。

愛跟歸於中心是同一個現象，它們不是兩件事。如果妳已經知道愛，除了歸於中心之外，妳不會是任何其他的東西。

愛意味著與存在輕鬆在一起。也許是透過愛人，也許是透過朋友，也許只是在日出和日落的瞬間它就發生了。愛的真實經驗使你歸於中心。這一直是幾世紀以來所有宗教門徒的哲學。愛是他們的科學；歸於中心是結果。

但是有一些人——滿腦子操控的理論和邏輯，他們的心還沒有被啟發。有一些人的心是綻放的，理論與理性的運作只是心的僕人。人類的苦難來自他試圖做他不可能做到的事：他強迫心去服侍頭腦，不可能。這是你的渾沌、你的混亂。

這個問題來自我們稱為愛的平凡經驗。那不是愛，它只是被稱為愛——它只是一個瞥見、一個淺嚐的經驗，它不會幫助你成長。相反的，它會成為一種異常的狀態，前一個片刻你在高處，一切都妙不可言，下一個片刻全都變得黑暗，你無法相信生命中還有什麼有意義的事。所有那些愛的時刻都是夢，也許那些都只是你的想像。而這些黑暗的片刻絕對與美好的片刻在一起。

這就是人類頭腦的對立。頭腦透過對立運作。你會愛上一個男人，以絕對錯誤的理由愛上這個男人。你愛上一個男人或女人是因為你內心有別人的影像。男孩的影像來自母親，女孩的影像來自父親。所有的愛人都在尋找他們的母親與父親——最終的分析是，他們都在找尋子宮以及它美好放鬆的狀態。

在心理上，不斷尋找莫克夏(moksha)——最終的解脫、開悟，被歸納成一個基本的心理真相：人在出生之前就已經知道最美好、最平靜的狀態。如果生命中更偉大的事情沒有發生，對神性與宇宙沒有敞開，他會繼續受苦，因為無意識中他無時不刻都在批判。

他知道他曾經在子宮裡住過九個月，記住，對一個在母親子宮裡的孩子來說，九個月幾乎是永恆，因為他不知道怎麼計算，他沒有時鐘。每一個片刻本身都是充分滿足的。他不知道之後還有另一個片刻，所以每一個片刻都是驚奇。而且無憂無慮、不用擔心食物、衣服、住所，他完全自在、放鬆、歸於中心。這個中心裡沒有任何事情困擾他。

在那裡甚至連跟他打招呼的人都沒有。

這九個月中，你歸於中心、無比喜悅、平靜、單獨，沒有別人，你就是世界，你就是整體。沒有錯過任何東西，大自然提供一切，你自己不需要花任何力氣。但生命以一種完全不同的方式迎向你——敵對、競爭。每個人都是你的敵人，因為每個人都在相同的人群裡；每個人都是你的敵人，因為每個人都有相同的欲望，相同的野心。你一定會跟無數的人發生衝突。

由於這個內在的敵意，世界上所有的文化都創造出某種特定的規矩、親密關係（Familiarity）、禮節系統，他們不斷地對孩子強調：「你必須尊敬你的父親。」為什麼全世界所有的文化都堅持要他們的孩子「你應該尊敬你的父親」呢？因為一個孩子如果只有自己一個人，他很可能不會尊敬這個父親，這是確定且簡單的邏輯。事實上，孩子恨他。每一個女孩也恨她的母親。

為了隱藏這個恨——要你將傷口全部暴露的活在這個社會上很不容易，每個人都帶著暴露的傷口走來走去——必須以特定的社會風氣、道德觀、生活型態來掩飾它，做出相反的行為：你要愛你的母親、你要尊敬你的父親。可是事實剛好相反。

你被這個社會分成兩半。虛假的那部分被教導要尊敬別人，因為虛假是社會創造出來的。真實的部分則否定任何受尊敬的人與事物，因為真實來自本性，它超越任何社會、文化、文明的控制。每個孩子都在謊言中接受訓練，他必須經過這種程式化才能對社會有幫助，成為一個乖乖聽話的奴隸。

所有的社會都毀了每個孩子的勇氣，使他們軟弱無力。他不會大聲說話，對任何事情也不會提出異議。他的生命不是自己的。他去愛，但是他的愛是假的。他從小被教導要愛他的母親，「因為她是你的母親」──好像母親有某些固有的品質，所以你有義務應該要愛她。應該要愛母親這件事已經被公認是必要的。

我要強調的是，對母親應該要有愛，但孩子除非是發自內心，否則不應該被教導要去愛誰。不但如此，母親、父親、家庭應該不要任何說教而能創造出一種環境，讓整個能量引發、觸動孩子自己愛的力量。

絕對不要對任何人說：愛是義務。它不是。「義務」是「愛」錯誤的替代品。當你不能愛，社會就會一直提供義務。它們或許看起來像愛，但其中完全沒有愛；相反的，它只是社會禮節。你累積太多社會禮節，讓你完全忘了生命中等待你去做的事情，你完全被佔據，沒有空間讓愛在你內心開花。

所以，你並不知道歸於中心跟愛是同一件事。

知識分子對歸於中心比較感興趣。沒有任何事情是你要相信的；也沒有任何人是你要臣服的。

因為其他人，讓每一段戀情都變成一個悲劇。

印度文學中沒有悲劇。我在學生時代問過我的教授：「為什麼印度文學沒有悲劇？」沒有一位老師或教授能夠說出具有意義的答案。

他們只是聳聳肩說：「你很怪，問這種問題。我在這所大學已經三十年，從來沒有人問過這個問題。」

我說：「對我而言，這個問題顯然有一個很深的文化根源。」除了印度之外，其他國家都有悲劇——美麗的故事、精彩的小說——但印度沒有。原因在於，印度是一個比其他陸地更古老的陸地。它已經從過去經驗中學到很多事，其中一件就是：那件事不該是這樣、那件事不該談；因此，不應該有悲劇。

他們的邏輯是可以理解的。如果人們覺得生命處處是喜劇，他有可能會繼續欺騙自己。他可能永遠不會把他的問題告訴任何人，他以為別人都沒有問題。為什麼要讓自己成為笑柄呢？一定是你自己哪裡不對，所以最好不要說。沒有必要對這個殘酷的社會暴露自己，你只會被嘲笑，證明你是個白痴，你不知道怎麼樣過活。

然而，事情沒那麼簡單。不只是如何活著的問題。問題在於，要先丟掉你內在所有的虛假。虛假來自外在。當所有虛假的被丟掉，你就赤裸裸的面對存在，真實會開始在你內在成長。為了讓真實成長、開花，帶你進入生命最終的意義與真理，這就是你必須完成的事。

要記住：你可以從歸於中心開始——當你歸於中心的那一剎那，你會突然發現無限的愛滿溢出來——你也可以從愛開始。當你的愛不再有嫉妒、不再有制約，只剩下心的分享與舞蹈時，你會經驗到歸於中心。

它們是一個銅板的兩面。歸於中心是比較理性、科學的方法。愛有一個不同的源頭，那就是你的心。它比較詩意、比較藝術、比較敏感、比較女性、比較美。比歸於中心更容易。

我的建議是：先將所有關於愛的錯誤觀念丟掉。讓你某些內在的真實成長，那麼歸於中心會出現、開悟會發生。但如果你發覺自己從愛開始很難，不要灰心。你可以直接從歸於中心進行。你可以稱它為靜心、覺知。總之，每一種方式最終的結果都是相同的：在你歸於中心的同時也充滿了愛。

・・「被愛所傷」以及其他誤解

愛從來不會傷害任何人。如果你曾經感到被愛傷害，那是你內在某種非愛的品質感到受傷。除非你認知到這個部分，否則你會一次又一次在相同的軌道上行進。你所謂的愛可能隱藏了許多非愛的成分；人類的頭腦一向機伶狡猾，它欺騙別人也欺騙自己。頭腦會將美麗的標籤放在醜陋的事物上，試著用鮮花掩飾你的傷口。如果你想了解愛是什麼，這是你必須探索的第一件事情。

人們常掛在嘴上的「愛」並不是愛；那是性欲。性欲一定會造成傷害，因為把某人當成渴望的目標，就是冒犯了那個人。這是一種侮辱，一種暴力。當你帶著性欲接近某人時，你能假裝它是愛多久？有些東西表面上看起來像是愛，但只要輕輕一刮，就會發現藏在背後的是性欲。性欲是動物性的欲望。用性的眼光看別人，是在侮辱他、羞辱他；把這個人貶為一件物品、一個東西。沒有人喜歡被利用，那是你對任何人所做最卑鄙醜陋的事。沒有人是物品，沒有人是達成任何目的的工具。

這就是性欲與愛的不同。性欲是利用對方來滿足你的某些欲望。對方只是被利用了，使用的目的達到之後就可以被丟棄。你不再需要它了，它的功能已經完成。存在中最不道德的行為就是把對方當成工具。

愛正好相反：愛是毫無條件尊重對方的一切。當你無條件愛一個人的一切，就不會覺得受傷；你反而會因為愛而更豐富。愛，讓每一個人富有。

其次，愛只有在背後沒有藏著自我時才是真實的，否則愛只會成為自我的幻覺。那是一種微妙的操控手法。你必須很小心，因為操控是一種很深的欲望。它從來不會明著來，它總是躲在美麗的衣服和裝飾下。

父母從來不會說孩子是他們的財產，從來不會說他們在操控孩子。但事實上他們就是這麼做。他們會說他們想幫忙，他們會說他們要孩子們聰明、健康、幸福，但是——

這個「但是」可不得了——得按照他們的想法來做。連孩子的快樂也必須由父母的想法來決定；孩子必須依照父母的期待而快樂。

孩子要聰明，同時也要聽話。這根本是不可能的事！聰明的人不會乖乖聽話；聽話的人一定有損他們的悟性。唯有當你與你的內在達成很深的協議，悟性才會說「是」。它不會因為那些比你大、比你有權勢的父親、母親、神父或政客的人說「是」。它不會只因為你的權威而說「是」。它是叛逆的，沒有父母喜歡自己的孩子叛逆。叛逆違抗了他們想要操控的潛在欲望。

先生說他們愛自己的太太，但那只是操控。他們是如此嫉妒、佔有，他們怎麼會愛呢？太太不斷說愛她們的先生，但卻一天二十四小時製造人間地獄，用盡各種可能將先生貶低成某種醜陋的東西。怕老婆的先生是一種醜陋的現象。問題是，太太先將先生貶低成一個怕老婆的先生，然後對他失去興趣，誰會一直對一個怕老婆的先生感興趣呢？他似乎毫無價值；他似乎不像個男人。

先生一開始想要太太成為他一個人的財產，一旦她變成財產，他就對她不再感興趣了。這其中是有道理的：他唯一的興趣是佔有；現在目的達到了，他就想再嘗試其他的女人，繼續下一個佔有的經驗。

小心這些自我。你會受傷，你想佔有的人一定會背叛你，一定會破壞你的伎倆、你的計謀，因為每個人都崇尚自由。相較於自由，愛也只能居次要；自由價最高。愛可以為自由犧牲，但自由卻無法為愛犧牲。幾世紀以來我們的所做所為都是為了愛而犧牲自由，因此產生了對立與衝突，一有機會就傷害彼此。

愛最純粹的形式是一種喜悅的分享。它不要求回報，它沒有任何期待，所以你怎麼會覺得受傷呢？當你沒有期待的時候，就不可能受傷，那麼，無論怎麼發生都是好的，如果什麼都沒發生也是好的。你的喜悅是來自給予，不是獲得。一個人相隔千里也會有愛，完全不需要在場。

愛是一種靈性的現象，性欲是肉體的。自我是心理的，愛是靈性的。你必須從愛的入門開始，從頭開始；否則你會一次又一次被傷害。要記住，只有你能夠幫助自己，沒有人要對你負責。

別人怎麼幫得了你呢？沒有人能夠摧毀你的自我；如果你緊抓著它不放，沒有人能夠摧毀它；如果你把心力都耗在它身上，沒有人能夠摧毀它。我只能跟你分享我的理解。眾佛只能為你指出一條路，然後你必須行動，你必須追隨那條路。沒有人能夠握著你的手引導你。

這就是你要的：你想要玩依賴的把戲。記住，玩依賴把戲的人會報復。很快地，他就會用某些方法讓對方依賴他。如果太太為了錢依賴先生，她會想辦法讓先生依賴她。這是一種共同的默契。兩個人都殘廢了、癱瘓了；他們沒有對方就活不下去。甚至只是先生覺得太太不在時他會很開心，或是他和幾個朋友在俱樂部開懷大笑這樣的想法都會刺傷她。她對他的快樂不感興趣，事實上她無法相信：「沒有我他怎麼還快樂得起來？他得依賴我！」

當太太跟某人一起開懷享受、興高采烈時，先生也會不好受，他希望她所有的愉悅都屬於他；那是他的財產。依賴你的人也會讓你變成依賴的人。

恐懼絕對不是愛，愛絕對不是害怕。愛不會有任何損失。愛有什麼好怕的？愛只是給予，不是商業交易，所以也沒有損失和利益的問題。愛就如花朵綻放出它們的芬芳一樣，享受給予。它們有什麼好害怕的？你有什麼好怕的呢？

記住，恐懼與愛不會同時存在；它們沒辦法這麼做。它們不可能共存。恐懼是愛的對立。

通常人們以為恨與愛是對立的。錯，絕對錯。恐懼才與愛對立。恨是愛的顛倒但不是愛的對立。恨與愛是顛倒關係，而不是對立關係。懷恨的人其實是要表現他還愛；愛走味了，但它還在那裡。恐懼才是真正的對立。恐懼意味著所有愛的能量都消失了。

愛是直率、無懼的迎向對方，完全信賴它會被接受——它一向都會被接受。恐懼是你自己內在的畏縮，你封閉自己、關閉所有門窗，太陽、風、雨接近不了你，你太害怕了。你活生生進入了自己的墳墓裡。

恐懼是墳墓，愛是廟宇。在愛中，生命會來到最終的頂峰。在恐懼中，生命會跌落死亡的境地。恐懼臭氣沖天，愛充滿芬芳。你為什麼要害怕呢？

你該怕的是你的自我、你的性欲、你的貪婪、你的佔有欲以及你的嫉妒，就是不用害怕愛。愛是神聖的！愛就像光；有光的地方，黑暗不會存在。有愛的地方，恐懼就不會存在。

愛能夠讓你的生命創造出最大的慶祝，不過，唯有愛——不是性欲、不是自我、不是佔有、不是嫉妒，也不是依賴。

問題　我想我了解你所說並不是愛讓人受傷。不過，你說的那種愛並不容易找到，所以為了進入更成熟的愛，這段學習與成長的過程通常很痛苦。這痛苦是成長不可避免的一部分嗎？

成長是痛苦的，因為你這一生一直在逃避許許多多令你痛苦的事。逃避它們就無法摧毀它們，它們會不斷累積；你不斷壓抑你的痛苦，而它們依然留在你的身體裡。這就是為什麼成長是痛苦的：當你開始成長，當你決定要成長，你必須面對所有你曾經壓抑過的痛苦。你不能繞過它們。

你被一種錯誤的方式撫養長大。很不幸，到目前為止地球上還沒有哪一個存在過的社會不壓抑痛苦。所有的社會都要靠壓抑。它們壓抑兩件事：一件是痛苦，另一件是快樂。他們壓抑快樂的原因也是痛苦，理由是：如果你不是太快樂，就不會變得太痛苦。如果極度的喜悅被毀了，你就不會痛徹心扉。為了避免痛苦，他們逃避快樂。為了避免死亡，他們逃避生命。

這其中有一些道理。這兩者是共同成長的；如果你想要有一個狂喜的生命，就必須接受許多極度的痛苦。如果你想要登上聖母峰，你也會來到谷底。谷底沒有什麼不對；你的方式必須不一樣。你兩者都可以享受；山峰是美的，山谷也是美的。在某一些片刻，人應該享受山峰，在某一些片刻，人應該在谷底放鬆。

山峰陽光普照，它與天空對話。山谷是黑暗的，但任何時候當你需要放鬆時，你必須進入低谷的黑暗裡。如果你要有高峰就必須在谷底紮根：根紮得越深，你的樹就會長得越高。樹木不能沒有根而成長，而根必須深入土壤裡。

痛苦與快樂是生命的兩個本質。人們太害怕痛苦，所以壓抑痛苦，他們避免任何會導致痛苦的狀況，不斷掩飾痛苦。最後被「如果真要避免痛苦，你必須逃避快樂」的想法絆倒。那也就是為什麼和尚要逃避快樂——他們害怕快樂。事實上，他們只是在避免所有痛苦的可能。他們知道，只要你避免快樂就不可能有極大的痛苦；痛苦只會跟在快樂的背後如影隨形。那麼你只是走在平坦的道路上，從來沒有攀上高峰也不曾掉入山谷。但你就會像個活死人，你不算活過。

生命存在這兩極之間。痛苦與快樂之間的張力讓你能夠創造出偉大的音樂；音樂只能存在於這種張力之中。破壞了這相反的兩極，你會變遲鈍、了無新意、枯燥乏味。你沒有任何意義，也永遠不會知道什麼是輝煌。你將會錯過生命。一個想知道生命是什麼並活出生命的人，必須接受死亡，擁抱死亡。生命和死亡是一起的，它們是一體兩面。

那就是為什麼成長是痛苦的。你必須進入所有你一直在逃避的痛苦。它很傷人。你必須走過那些你想盡辦法不去看的傷口。但你越深入痛苦，就越有能力深入快樂。如果你能夠進入痛苦的極致，就能夠觸及天堂。

我聽說有一個尋道者去找一位禪師問道：「我們應該如何避免熱與冷呢？」他是用一種隱喻的方式問：「我們應該如何避免歡愉和痛苦呢？」這是禪宗談論歡愉和痛苦的方式：「熱與冷。」

「我們應該如何避免熱與冷呢？」

禪師回答說：「成為熱的，成為冷的。」

要免於痛苦就必須接受痛苦，這是不可避免的。痛就是痛——這是一個簡單、痛苦的事實。受苦是你拒絕痛苦，宣稱生命不應該這麼痛苦。受苦是你在抗拒，否定生命及事情的本質。

所有的生物中，人類是獨一無二的，因為人類感受得到他的死亡與他的快樂。最神奇的是，他甚至可以使死亡成為一種新鮮事：他可以笑著死去！如果你能夠笑著死去，唯有如此，你才能夠證明你曾經笑著活過。死亡是你這一生最後的宣言——一個結束、結論。你是怎麼活的可以從你怎麼死看出來。

你能夠笑著死去嗎？那麼，你是一個成熟的人。如果你哭著死去，流著眼淚不願離去，那麼你是一個孩子。你還沒長大，還很幼稚。如果你哭著死；流著眼淚，死纏著生命不放，這表示你一直在逃避死亡，也表示你一直帶著所有的痛苦在逃避生命。

成長意味著如實地面對現實，與事實交戰，無論它是什麼。我再重複一次：痛只是痛；這其中並沒有受苦。受苦是來自於你認為「不應該有痛苦」的欲望，你認為痛苦是不對的。看著痛苦，觀照痛苦，你會很驚訝，你在頭痛：痛在那兒，但你並沒有受苦。受苦是次要的現象，痛是首要現象。頭正在痛，痛就在那裡；它只是一個單純的事實。沒有批判在其中，你不會說它好或不好，你不會對它評價；它只是一個事實。

玫瑰是一個事實，刺也是一個事實。白天是事實，夜晚也是事實。頭是事實，頭痛也是事實，你只是注意到它。

佛陀教他的門徒說：你頭痛時只要說兩次「頭痛，頭痛」，留意它，但是不要評價，不要說：「為什麼？我為什麼頭痛？這不該發生在我身上。」當你說「不應該」時，你就受苦了。現在是你在自找苦吃，而不是頭痛讓你受苦。受苦是你充滿敵意的解釋，受苦是你對事實的否定。

當你說「不應該」的那一刻，你就已經開始在逃避它，你開始讓自己從這上面轉移。你想做些什麼事情忘掉它。你打開收音機、電視，或是去夜總會、看書。轉移目標讓自己分心。你沒有去觀照你的痛苦；你只是讓自己分心。但如此一來痛苦就會被你的身體吸收承受了。

這個關鍵需要被深入了解：如果你能夠不懷任何敵意觀照你的頭痛，不逃避它、不躲避它；如果你能夠單純地「在」，靜心的在那裡——「頭痛，頭痛」——如果你只是看著它，頭痛會自然消失。我並不是說只要看著它，頭痛就會奇蹟似的消失。它會依照自己的時間消失。但是它不會被你的身體吸收承受，不會毒害你的身體。頭痛在那裡，你留意到了，然後它消失不見，它被釋放了。

當你觀照內在某種特定事件時，它不會進入你的身體中。只有當你逃避它、躲開它的時候才會進入。當你（的意識）不在時，它就會進入你的身體裡。唯有你（的意識）不在時，痛苦才會成為你的一部分——如果你在，就能防止痛苦成為你的一部分。

而且，如果你能夠繼續察覺你的痛，就不會累積它們。沒有人曾經教過你正確的方向，所以你繼續逃避下去，當你累積太多痛苦之後，你害怕面對它，害怕接受它。成長會變得痛苦是因為錯誤的制約。否則成長不會痛苦，成長是非常快樂的事。

樹木長成大樹時，你認為它痛苦嗎？沒有。甚至生孩子時，如果母親能夠接受它就不會覺得痛苦。但母親拒絕它、害怕它，於是她變得很緊張，想要把嬰兒留在裡面，但那不可能。孩子準備好要進入這個世界，孩子準備好要離開母親。他已經大到子宮容納不下他了。如果子宮再容納他久一點，母親跟孩子都會死。但母親很害怕，她聽說生孩子很痛——分娩時的陣痛，生產時的劇痛——她會怕。她因為害怕而緊張、封閉。

對某些人——在原始社會中這樣的人依然存在——分娩是很簡單的事，一點也不痛。你反而會訝異女人極度的狂喜是發生在分娩的時候——沒有疼痛，沒有苦惱，是極至的狂喜。所有的性高潮都不像女人自然分娩時出現的高潮如此令人滿足、美妙。女人全身的性欲機制都在悸動，連做愛都無法激發這樣的悸動。孩子從女人的最核心裡誕生出來。沒有男人能夠穿透一個女人進入到那樣的核心裡。這個悸動從內在升起；這個悸動是一個必然；這個悸動像波浪一樣，帶來喜悅的巨浪。唯有如此才能夠幫助嬰兒出來，唯有如此才能夠為這個嬰兒打開產道。這巨大的悸動和這女人整體的性存在，會帶來無比的喜悅。

然而，事實上人類正好相反：女人覺得那是她一生中最大的劇痛。而這是頭腦創造出來的，這是錯誤的教導。如果你接受生理的分娩是自然的，你的出生即是愛的存在。成長是指你每天都在誕生。誕生並不意味著你出生的日子結束；你的出生其實是從那一天開始，那只是一個開始。離開母親子宮的那一天你並不是出生，你只是開始要出生；那只是一個開始。一個人直到死以前都在不斷的出生。你不是在一個特定的時刻出生。出生的過程會一直持續七十年，八十年，或九十年，依你活多久而定。出生是一個連續。

每一天你都會感到喜悅：長出新的葉子、新的枝芽、新的花朵、新的樹枝，越長越高，長到新的高度。你的樹根越紮越深，樹幹越來越高；直到觸及頂峰。成長並不痛苦。

成長會痛苦是因為你，因為你錯誤的制約。你被教導不要長大，你被教導保持停滯，你被教導抓住你熟悉和知道的東西不放。這就是為什麼每當你熟悉的東西從你手上消失你就會哭；玩具壞掉了，奶嘴被拿走了。

記住，只有一樣東西能幫你，那就是覺知——除此之外沒有別的。如果你不接受生命與愛就是不斷的起起伏伏，成長只會痛苦。接受夏天，也要接受冬天。

這就是我說的靜心。靜心就是，你清空一切舊有的、被教導的、受到制約的事。然後你有所領悟。或者應該說：你有一個領悟，新的領悟誕生。但你必須經歷許多痛苦，許多掙扎。因為你活在一個特定的社會、特定的文化裡——印度教徒、回教徒、基督徒、印度人、德國人、日本人。這些都是以不同的方式在逃避痛苦，除了這個理由之外沒有別的理由。你已經是這個文化裡的一部分，那就是為什麼成長會痛苦，因為文化試圖不讓你成長；它要你保持幼稚。它不允許你的心理如同生理一樣成長。

心理學家在第一次世界大戰和第二次世界大戰期間，都察覺到一個非常奇怪的事實：人的平均心智年齡不超過十二或十三歲。連一個七十歲的人，心智年齡也只停留在十到十三歲之間。這意味著什麼？這表示他十歲就停止成長；身體繼續長大，但是心智的成長停止了。沒有任何一個社會允許成熟的心智。為什麼？因為成熟的心智對於社會是危險的；他們不容易被控制。他們會對社會造成危險，因為他們會看到一切不斷以文化、社會及國家利益為名的愚蠢行為。

看看這件事：地球是一個整體，而人類卻四分五裂。如果國家消失了，人類所有的問題就會解決，就沒有問題了；事實上本來就沒有問題，根本的問題就是製造出國界。本來現代科技能夠滿足世界上所有的人，沒有人會挨餓。但是不可能，因為這些疆界不允許這種情況發生。

一個成熟的人看得出這些愚蠢的行為，一個成熟的人一眼就能看穿它。一個成熟的人無法將自己貶為一個奴隸。

掌握你自己的存在。面對你的痛苦，丟掉所有的束縛，唯有從所有的束縛中解脫，你才能夠唱自己的歌，跳自己的舞。

春有百花秋有月
夏有涼風冬有雪
若無閒事掛心頭
便是人間好時節

這是一首禪偈。「若無閒事掛心頭……」成長是痛苦的，是因為你扛了太多閒事。你早該丟掉它們。但沒有人教過你丟掉任何東西，他們教你要緊緊握住每一樣東西——無論這些東西對你有沒有意義。你扛了太多煩惱，所以很難成長。否則成長就像花苞綻放成花朵一樣順利。

問題

我的女朋友跟我說，我有一點無趣，很依賴，是受害者。於是我覺得有罪惡感、沮喪、很沒價值。我開始感到我的內在對存在、生命及愛有一個很大的「不」。我觀察我內在這股破壞性的能量，不知怎麼的我很享受它！可不可能把這股能量用在一些創造性的途徑呢？

你的問題是頭腦製造出來的那些愚蠢結論的一個例子。你或許還沒看出其中的矛盾。我要深入這類問題在心理學層面的核心。它們不只是你的困惑，也是許多人的困惑。你很有勇氣的敞開了你自己。

你一開始說：「我的女朋友跟我說，我有一點無趣。」你的女朋友非常慈悲，因為每一個男人最後都會變得「很」無趣，而不是「有一點」無趣。你發現了這個事實嗎？你所謂的愛是一個不斷重複，像做體操一樣一做再做的事。在這整個愚蠢的遊戲中，男人是失敗者。他耗盡自己的能量，冒汗、腫脹、喘氣，女孩子卻閉著眼睛想：「再過兩三分鐘，這個惡夢就會結束了。」

人們的創造力如此貧乏，他們以為一再重複相同的動作會使事情更有趣。那就是為什麼我說你的女朋友很慈悲；她只說你「有一點」無趣。我跟你說，你實在太無趣了。

當基督教的傳教士來到東方時，東方人發現他們只知道一種做愛的姿勢：女人在下面，那些醜陋的野獸在這個纖細的女人之上。這就是「傳教士體位」這個名詞的由來。

印度是一塊古老的陸地，也是許多科學的起源地，特別是性學。筏蹉衍那(Vatsyayana)有一本非常重要的著作，已經存在五千年之久，這本書的書名是：《愛經》

（*Kama Sutra*），一本性愛指南。它出自於一個深度靜心者的傑作——他創造出八十四種性愛體位。姿勢當然要變換，否則你一定會無聊。筏蹉衍那明白一成不變的做愛姿勢會無聊，會有一種很愚蠢的感覺，因為你一直做同樣的事。他發明八十四種體位讓夫妻或情侶的性愛關係多一點情趣。全世界還沒有人能寫出一本像《愛經》這樣的書。它只能出自一個極清晰、具深度靜心品質的人。

你的性愛呢？如果你看著自己做愛，你自己都會覺得這一切很無趣。尤其是女人會覺得更無聊，因為這個男人兩三分鐘就結束了，而女人甚至都還沒開始。全世界的文化都在灌輸女人她們不應該享受、擺動身體或熱情參與的想法——說這種行為「下流」；只有妓女會這麼做，淑女不能這樣。淑女必須像個死人一樣躺著，讓那個老傢伙做任何他想做的事。所以不是什麼新鮮事，連看都沒什麼好看。

你不應該視它為個人的羞辱。你的女朋友正真心誠意的告訴你一些事。你曾經帶給她性高潮的喜悅嗎？還是利用她來發洩你的性能量呢？你曾經讓她淪為一件物品嗎？她因為過去的制約接受這一切，但是這個「接受」無法感受到喜悅。

你在每天吵架的同一張床上做愛。事實上，吵架是開場白：丟枕頭、互相咆哮、爭辯每一件事，然後累了，需要一些協商。你的愛只是一種協商。如果你是一個有藝術品味的人，你做愛的寢室應該是一個神聖的地方，因為生命在那個愛的寢室裡誕生。那裡面應該有美麗的花朵、香氣、芬芳；你應該帶著最深的敬意進入裡面。

愛不應該是霸佔女人的魯莽行為。這種打帶跑的戀情不是愛。愛應該以美妙的音樂為前奏，一起跳舞，一起靜心。它不應該是頭腦的事，你從頭到尾都想著要怎麼和她做愛，之後就睡著了。你整個存在都應該投入其中，不應該是頭腦的投射而是自然發生。優美的音樂、香氣，你們手牽著手跳舞，再度變成拿著花朵玩耍的小孩。如果是自發性的，性愛會在這種神聖的氣氛中發生，那將會是一種不同的品質。

你應該了解，女人能夠多次性高潮，因為她並沒有流失任何能量。男人只能有一次高潮，之後能量流失了，整個人看起來消沉沒元氣，甚至到了隔天早上還看得出來他沒有精神。他會越來越老，性愛也越來越有困難。要了解這個差異。女人是接受的一端——她必須如此，因為在大自然的設計中她要成為母親，她需要更多的能量。但她的性高潮發生是一種完全不同的方式。男人的性感帶是局部的，就像局部痲醉。女人的性感帶遍布全身上下，除非她因愉悅而全身顫抖起來，否則她不會有高潮的爆發。

所以，被視為無趣的男人並不是只有你而已，世界上幾乎百分之九十九的女人都這麼覺得。這個情況必須改變。女人不應該在男人的下面。首先，那很醜——男人有強壯的身體，女人比較嬌弱。她應該在男人上面，不是男人在她上面。

其次，男人應該保持安靜、被動，這樣他就不會在兩分鐘之內就結束高潮。如果你安靜，讓女人在你的胸膛上發狂，這對她將是很好的鍛鍊，也將帶給她一種高潮能量的爆發。她需要時間讓整個身體暖起來，如果你太主動就不能給她時間。你們交合，但這種交合既不美妙也沒有愛，只不過是為了實用目的而已。

和你的女朋友試試看我說的。你是被動的搭檔，讓她成為主動的一方。讓她放掉約束。她的舉止不必像個淑女，她必須表現得像個真正的女人。「淑女」是男人創造出來的；女人是存在創造出來的。你必須填滿她性高潮之間的空隙。只有一種方法可以填滿這些空隙，你要非常被動、安靜，同時享受她的興奮。然後她就會有多重性高潮。你應該讓這個遊戲在你的性高潮中結束而不是開始。

那麼，你的女朋友就不會再說你有一點無趣。你會變得很有趣，像個淑女的絕棒傢伙！閉上你的眼睛，這樣她才不會因為你的眼睛而感到拘謹。然後她可以任意做她想做的——移動她的雙手、擺動她的身體、呻吟、喊叫。你不准主動，保持安靜就好。她會比你更瘋狂！你現在八成就像全世界大部分的男人一樣，像個白痴。

你女朋友給了你很好的忠告，而你笨到以為她在譴責你。當她說：「你很依賴，你是受害者。」我甚至可以從你的問題知道她說得沒錯。你是受害者，每一個人類都是受害者——一個愚蠢意識形態的受害者；強烈的罪惡感不讓你有遊戲的心情。你可能在做愛，但你知道你正在犯罪，地獄離你不遠。

做愛的時候，讓它成為一個靜心的過程。你整個人必須在那裡，對這個女人展現你的愛。女人也必須在那裡，對她的愛人展現她的美麗與優雅。那麼你將不是一個受害者，否則你是，因為你愚蠢的宗教不接受愛；不認為愛是自然且有趣的經驗。它們譴責它。有些人開出條件，除非離開這個女人，否則你永遠無法得到真理。這個條件雖然絕對是一個謊言，但因為流傳太久幾乎成為一個真理。

你是傳統思想的受害者，你當然很依賴。當我再往下讀你的問題，就知道你有多麼依賴；你依賴那個對你說你無趣、乏味、你是受害者的女朋友。

你的依賴在這下面這句話：「然後我覺得有罪惡感、沮喪、很沒價值。」如果你因為女朋友說了這些真心話而感到有罪惡感、沮喪且完全沒價值，她似乎是你的主人。「我開始感到我的內在有一個很大的『不』。」這是你的女朋友仁慈的地方，她沒有對你說：「你也有一點蠢。」

你說：「我開始感到我的內在對存在有一個很大的『不』。」存在對生命做了什麼？存在對愛做了什麼？從這就可以看出你有多蠢。與其聽女朋友真誠的說你只是一點點無趣，你應該問她：「我要怎麼樣才能變得稍微有趣？妳有沒有什麼好建議？」這才是聰明的一步。

你不但沒問她，反而開始「對存在、生命以及愛有一個很大的『不』」。我知道理由。或許你還無法解釋，但我可以了解你這個很大的「不」潛在的理由。你過於相信你的女朋友。當然，你沒辦法直接問她，那會暴露出你的依賴。你一定害怕為了這些事情跟她爭論不休，因為女朋友不是你永遠的妻子；沒有法律可以防止她們去找更活潑有趣的人。每個人一開始都很有趣，但在一起幾天之後所有的活力都枯竭了。你又開始四處尋找別的女人或男人，因為他們看起來比較有趣。

你一世又一世重複相同的事情；你在不了解的情況下這麼做了。和一個男人住了一個多星期，就會開始想怎麼擺脫他。他也在想該如何擺脫妳。但你們兩個都覺得這看起來不對，於是你們開始找麻煩，好讓哪個白痴或許開始對你的女朋友感興趣，因為你們兩個人還一邊繼續留意其他更迷人的女孩或男孩。這是個老掉牙的故事，籬笆旁的草看起來比自家的草更翠綠。距離會產生這種現象。

任何女人看你都可能比你太太看你更有趣；她是個討厭鬼。你不知道的是，所有的女人最後都是一樣的。頭一、二天她是如此美好，一旦她們逮住你之後，真正的故事才要開始——她們開始變成討厭鬼。男人也一樣。在海灘上、公園裡或河邊遇到一個女人，就假裝自己是偉大的亞歷山大，走路如獅子一樣威風。兩天之內，同一個傢伙就變回一隻老鼠。

沒有人討論過為什麼會發生這樣的狀況，為什麼這麼多人在製造無謂的悲慘呢？如果我們不允許人們自由；讓他們陷在婚姻裡，陷在他們自己的承諾中，這個社會永遠不會快樂。

人們因為自由彼此相遇，當你覺得你已經從這個女人身上探索到整個女人的結構與特色，而女人也知道她經驗到任何可能從男人身上經驗的東西，那麼就是彼此帶著深厚的情誼道別的時候。不需要繼續綁住彼此。

一個完全沒有任何男女之間契約的世界會是無比可愛、美好、不無聊、充滿趣味的世界。但是我們制定了制度，活在制度中並不是什麼好的經驗。你的婚姻是一種制度，儘管新一代有比較自由了一點，但他們也只是在三十歲前後安定下來之前是這樣。我尋遍全世界，想找到一個三十五歲的嬉皮，但沒找到。所有的嬉皮到了三十歲左右都消失不見了；他們像他們以前反對抗爭的人一樣，都成了保守的人。

活在婚姻、社區、社會、獅子會、扶輪社這些制度中，你不會快樂，你已經實驗過了。這是歷史上第一次我們有一個更年輕的世代。我的意思不是說過去沒有年輕人，我是說沒有「更年輕的一代」——不會太早進入社會活動的一代。一個七歲的小孩子，就得開始跟著父親做生意，開始下田、照顧牛群；如果父親是木匠，這孩子就得開始協助他。他在七歲的年紀就已經加入了這個社會。

史上第一次有一個世代可以被稱為更年輕的世代，而這也創造出一個「新世代的空隙」。通常你在學院、大學，要花二十五、六年的時間取得研究生學位。取得學位時你已經不再年輕了，而且你開始要擔負起工作、家庭、婚姻的責任。

但是在進入現實生活前、當你還在學校裡的這段時間，有一段很長，還沒有忙於功利、目標性活動的時間空檔。這段時間可以創造出這個新世代。此時男人和女人在性欲上都成熟了——女人在十三歲，男人在十四歲——或許再過個十年、十二年之後他們都會結婚，但在這十二年之間他們有可能成為女朋友或男朋友。

對於未來，這是一個去了解整個現象以及它的心理學的絕佳機會。你可以選擇改變舊有習性，你會製造問題，但舊習性也會丟掉。每一個男人都需要對許多女人有豐富的閱歷，每一個女人也需要在決心結婚之前經驗許多其他的男人。他們的經驗將會幫助他們找到對的人；找到一個不用費力就能夠融入並契合的人。

「同時，」你又說：「我觀察我內在這股破壞性的能量，不知怎麼的我很享受它！」每一個人都有破壞性能量，能量如果放任它一定會具破壞性，除非帶著覺知使用它，就會變成創造性。但最重要的是，你說：「不知怎麼的我很享受它！」

這樣的話你要如何改變它呢？任何你享受的事情你一定會維持在同樣的層面；無法改變它，因為你可能不喜歡改變。只是因為你的女朋友說你「有一點無趣、依賴、是一個受害者」。這一切都進入你的頭腦裡。

你擁有能量。享受破壞性能量是自殺的行為，享受破壞性能量就跟毀滅為死亡效勞一樣。如果你覺察到它，你必須歷經一個蛻變。擅用你創造性的能量；或許那會使你少無趣一點，多有趣一點，少依賴一點，少受害一點。最重要的是，你不會覺得罪惡感或沮喪。有創造力的人不會有罪惡感或沮喪。他藉由創造性的行動參與宇宙的運作使他無比充實，也給予自己尊嚴。那是每一個人類與生俱來的權利，但很少人聲稱他有這個權利。

此外，如果能量移向創造性，這個大的「不」會變成一個大的「是」。這並不困難，能量可以很容易發揮在創造性的領域。畫畫、園藝、種花、寫詩、學音樂或舞蹈。學習任何能夠把破壞性能量變成創造性能量的事情，這個大的「不」馬上就會變成一個更大的「是」。那麼你就不會對存在生氣，你會心存感激，也不會對抗生命。

一個有創造性的人怎麼可能對抗生命，對抗愛呢？不可能，從來沒發生過。只有缺乏創造性的人才會對抗一切。如果你有創造性、肯定生命，你就已經進入這個方向：成為一個真實、誠懇及慶祝的個體。

你女朋友為你的生命提出非常重要的問題。最容易的方式是換個女朋友，但我的建議是，她肯定是你的朋友，她說的絕對是誠懇、真實的。你要感謝她，同時開始改變事情。你女朋友認為你充滿活力、有趣的那一天會是你生命中一個了不起的日子。所以，不要當懦夫，不要因為這個女朋友在你頭腦中惹了麻煩而想把她換掉，再去找別的女人。

你很幸運找到一個非常慈悲的女人。你的下一個選擇會很困難；她使你感到絕對的罪惡與沒價值，你曾做過什麼有價值的事嗎？你做過什麼不無聊、證明你獨立、不是受害者的事嗎？是該這麼做的時候了。你將會永遠感激你的女朋友。

我想和你女朋友說：「繼續敲這傢伙，直到妳滿意他，他不再無趣而且充滿活力、非常有趣、好玩、享受慶祝為止。妳可能會在生命道途的某處失去他，但妳幫其他的女人把他調教好了；否則以他目前的狀況，會折磨很多女人，也會折磨他自己。」

我正試著要調教未來的男人，那些尊重自己也尊重女人的男人，那些會給自己機會成長也給女人機會成長的男人。沒有任何束縛。如果兩人可以在愛中生活一輩子，沒有人會妨礙他們。沒有必要結婚，沒有必要離婚。愛應該是一種絕對自由的行為。

然而，幾千年來你被教導：「如果你真的愛，那麼你的愛一定是恆久的。」我沒有看過生命中有任何東西具有永久的品質。愛也不例外。所以不要期望愛一定永恆不變。這樣會使你愛的生活更美，因為你知道今天你們在一起，明天或許會離開。愛像一陣清涼、芬芳的微風吹進你家，充滿一屋清新與芬芳。只要存在允許它就會留下，然後離開。你不該關上所有的門，這股清新的微風會變得渾濁。在生命中，所有的一切都充滿變化。那就是為什麼人們的生活已經變得沒有新意、不快樂，原因是他們永恆之愛的想法。生命中的每一樣東西都在變。改變是美的；它會帶給你越來越多的經驗、越來越多的覺知、越來越多的成熟。

問題

雖然我依然感覺到愛，而且我並不是真的想結束我們的關係，但所有的喜悅與樂趣都從我的關係中消失。我們要如何把喜悅與樂趣帶回我們的關係中？

你的頭腦裡有一些誤解。喜悅並沒有消失，喜悅從不曾在那裡——那是別的東西。是興奮消失了，但你以為這個興奮是喜悅。喜悅會出現；當興奮平靜下來，唯有這時喜悅才會出現。喜悅是一種非常寧靜的現象；你不會感到一絲興奮、完全沒有狂熱。它是安然、平靜、沉穩。

你不是唯一誤解的人；這種誤解非常普遍。人們以為興奮是喜悅。那是一種陶醉；你感到被佔有，極度被佔有。在那樣的佔有中，你忘掉你的煩惱、問題、焦慮。就像喝酒一樣：你忘掉你的問題、忘掉你自己，至少在那個片刻你離得很遠，離自己很遠。那就是興奮的意思：你人已經不在裡面，你在自己之外；你逃離你自己。因為在自己之外，你遲早會累。你錯過了靠近自己時來自你最核心深處的滋養。

所以，興奮無法持久；它只是一個瞬間的現象，一個短暫的東西。所有蜜月期都結束了；它們一定要結束，否則你會被殺了！如果你還在繼續興奮的話，你就會發瘋。它必須平靜下來，你必須再度回到自己的內在接受滋養。一個人無法連續好幾天晚上不睡覺。一個晚上、兩個晚上或三個晚上還好，但如果持續太多天你會開始感到疲倦、極度疲累、精疲力竭。你也會開始覺得頭腦遲鈍、沒有活力；你需要休息。每一次的興奮之後都需要休息。你休息然後恢復體力、活力重現；然後才能夠再度進入興奮之中。

興奮不是喜悅，興奮只是一種想擺脫痛苦的逃避。

試著非常清楚地了解這件事：興奮只是一種想擺脫痛苦的逃避。興奮只是喜悅一個虛假的經驗。因為你不再感到痛苦，就以為那是喜悅；以為沒有痛苦就等於喜悅。真正的喜悅是一種正向的現象。不在痛苦中只不過是一種忽略。痛苦還在家等你回來，無論你什麼時候回來它都會在那裡。

當興奮消失，你開始想：「那麼現在，愛的重點是什麼呢？」人們所謂的「愛」會和興奮一起消失，那是一場災難。事實上，愛根本還沒開始。那只是一種興奮的愛；不是真正的愛。它只是想盡辦法要遠離自己。它只是尋求感官的刺激。

你在問題中用「樂趣」這個字是用對了；那是樂趣，但不是親密。當興奮消失之後你才會開始感覺到愛，愛會成長；現在激情的日子結束了。這是真正愛的開始。

對我而言，真正的愛在蜜月期結束之後才開始。但那時你的頭腦認為這一切都結束了、完了：「找別的女人，換別的男人。再繼續下去還有什麼意義呢？已經沒有樂趣了！」

如果你繼續愛，愛的深度會增加，它會變成親密。一種優美的品質就會發生。它現在有了一種細緻，它不再膚淺。它不是樂趣，它是靜心，它是祈禱。它幫助你了解你自己。對方會成為一面鏡子，你透過她能夠了解你自己。現在是時候了，是讓愛成長的時候了，如此所有導向興奮的能量就不會被浪費掉，而是注入愛的最根部，那麼這棵樹就能長出巨大的葉子。

如果你能夠在這段親密關係中繼續成長，就不再覺得興奮，接著喜悅會出現：先是興奮，才是愛，然後是喜悅。喜悅是最終的結果和滿足。興奮只是一個開始，一個扳機；不是結尾。那些在興奮中結束的人永遠不知道愛是什麼，永遠不知道愛的奧祕，也永遠不知道愛的喜悅。他們只知道感官的刺激、興奮以及激情，卻不知道那愛的優美。只不知道跟一個人在一起，沒有興奮只有寧靜，不說一句話，不做任何事情是多麼美。只是在一起，分享同一個空間，一個存在，分享彼此，不用去想要做什麼或要說什麼、要去哪裡或如何享受；一切都消失了。暴風雨過後就是寧靜。

並不是要你們不做愛，而它將不是「做」，真的；是愛發生了。這個發生來自優美、寧靜，有它自己的韻律；它來自你們的深度而不是身體，真的。靈性的性愛與身體無關。身體雖然參與其中，但身體並不是愛的源頭。那麼性愛才具有譚崔（Tantra）的色彩——只有那時才有可能。

我的建議是：觀照自己。你正要接近聖殿，不要逃。進入它。不要在乎興奮，那很幼稚。有些美好的東西就在前面，如果你能夠等待，如果你有耐心能夠信任它，它會發生。

吸引力與對立

有一些非常基本的事情必須被了解。

首先，男人與女人一方面是對方的另一半，另一方面，他們又是相對的兩極。他們的對立性吸引著彼此。距離越遠，吸引力就越強；彼此的差異越大，就越有魅力、越有吸引力。

但這也造成了許多的問題。當他們靠近時，他們想更親密，他們想要融入彼此，他們想要合而為一，成為和諧的整體，問題是，這整個吸引力所依靠的是對立性，而和諧會消融對立。除非有一個非常具有意識的戀愛關係，否則會造成極大的痛苦與麻煩。

所有的情侶都被陷在這個困境中。這個困境不是出於個人因素，而是自然而然的現象。

原本不相干的他們互相吸引——他們稱它為「墜入愛河」。他們無法解釋為什麼會有這麼強大的拉力將他們拉向彼此。他們甚至沒有意識到這個基本的原因；因此奇怪的事發生了：最快樂的情侶從來不曾相遇過！一旦他們相遇，創造出吸引力的同一個對立性就變成衝突。在每一件小事上，他們的態度不一樣、他們處理的方式也不一樣。雖然他們說著同一種語言，但他們無法了解彼此。

我的一位朋友告訴我有關他太太以及他們之間的衝突。我說：「你們似乎對彼此不太了解。」

他說：「還說什麼了解，我甚至沒辦法忍受她！」他們是戀愛結婚，不是相親結婚。雙方父母都反對這檔婚姻；他們屬於兩個不同的宗教，他們的社會反對異族通婚。可是他們對抗了每一個人之後結婚了，結果卻只是不斷的爭吵。

男性頭腦看待世界的方式不同於女性頭腦。例如，男性頭腦對遠處的東西較感興趣：人類的未來、遙遠的星星、別的星球有沒有生命存在。女性頭腦只會咯咯嘲笑這些無聊的想法。她只對細微、她周邊的事物有興趣——鄰居、家庭、誰欺騙他的太太、誰的太太愛上私家司機。她的興趣很片面但很人性。她不擔心輪迴轉世，也不關心死後的生命。女性比較關心實際的、當下、此時此刻的事。

男人從來不在此時此刻，他總是在別的地方。他有一種奇怪的關注：他關心輪迴轉世、死後的生命、其他星球的生命。

如果伴侶雙方都意識到這是一個對立的相遇，就不會起衝突，那麼這是一個極佳的機會，去了解完全相對的觀點。如此一來，男女共同生活就能夠和睦融洽。否則將會永無止盡的爭吵。

這是最奇怪的現象之一：男人跟女人共同生活了好幾千年，但他們是陌生人。他們不斷的生孩子，但他們仍然是陌生人。女性處理事情的方式跟男性完全相反，除非雙方努力達成同一個意識，除非它成為你的靜心，否則不可能有平靜的生活。

這是我最關切的事情之一：如何讓愛與靜心緊密連結，讓每個男女雙方自然成為靜心的伙伴；每次的靜心都使你變得更有意識，你不再墜入愛中，而是在愛中升起。你可以更有意識地找到適合你的朋友。當你的靜心愈深入，愛也會愈深入，反之亦然：當靜心開花，你的愛也同時開花。不過是在完全不同的層次上。

大部分的伴侶並沒有在靜心的過程中連結。他們從來不曾一起安靜的坐一個鐘頭，只是感覺彼此的意識。他們不是爭吵就是做愛，這兩種狀態都只是身體層面，是生理、生物能量、荷爾蒙的部分。他們沒有連結對方內在最深的核心。他們的靈魂仍然是分開的。

在廟宇、教堂、法庭裡結婚的只是你們的身體，你們的靈魂分隔千里之遙。當你跟伴侶做愛時，甚至在這樣的時刻，你都不在那裡，你的伴侶也不在那裡。男人可能想著埃及豔后、想著某些電影女主角。或許這就是為什麼女人會閉上眼睛：不想看先生的臉，不想被打擾。她正在想偉大的亞歷山大、想恐怖伊凡(Ivan the Terrible)，如果看著她先生，一切都會破滅。他看起來像隻老鼠。

甚至在如此應該是神聖、靜心、極度寧靜的美麗時刻，你都無法單獨和你心愛的人在一起。有一大群人在那裡。你的頭腦想著別人，你伴侶的頭腦也想著別人。結果，你只是像機器人一樣機械性的做；讓生物能量奴役你，但你卻稱它是愛。

我聽說，某天清晨，有一個醉漢看到一個男人在海邊做伏地挺身，醉漢走過去很慎重的四處查看，終於他說話了：「我不該在你親密的時刻打擾你，但我得告訴你，你女朋友已經跑了！」

似乎情況就是這樣。當你做愛時，你的女人真的在那裡嗎？你的男人真的在那裡嗎？或者你只是在做例行公事；某種必須履行、實踐的義務。

如果你想與伴侶之間關係和諧，你必須學習更具有靜心的品質。光只有愛是不夠的，光只有愛是盲目的；靜心提供了眼睛，靜心給予領悟。一旦你的愛裡有了靜心與愛，你們就會成為這趟生命旅程的絕佳伴侶，而不再只是平凡的夫妻關係。它會變成探索生命奧祕旅途上的親密朋友。

單單只有男人或單單只有女人都會讓這個旅程冗長且乏味，就像過去的經驗一樣，因為看到這無止盡的衝突，所有的宗教決定凡是想要尋道的人都應該放棄另一半——和尚、修士必須獨身；修女、尼姑必須獨身。但五千年的歷史，有幾個和尚或修女尼姑真的了解靈魂是什麼？你想得到的名字，甚至連十根手指頭都數不完。宗教有無數和尚、修士、尼姑、修女；有佛教徒、印度教徒、基督徒、回教徒。他們的結果如何？

這條路並不長，目標就在不遠的地方。但你就算要去鄰居家，也必須用你的兩條腿。用一隻腳跳，你能走多遠呢？

男人與女人共同在深度的友誼中，在愛與靜心的關係中；就像有機的整體，任何片刻只要你想要就能夠到達目標。因為目標並不在你的外面；它是旋風的中心點，是你存在內部最核心的部分。但唯有當你是整合的時候才找得到它，沒有另一半，你就無法成為完整。

男人跟女人是一體的兩面。與其浪費時間在爭吵上，不如嘗試去了解彼此。試著讓自己站在對方的立場上；試著用男人的觀點看，試著用女人的經驗領會。四隻眼睛總是比兩隻眼睛好。你會有全方位的視野；四個方向你都能看得到。

但要記住一件事：沒有靜心的愛注定會失敗，它沒有成功的可能性。你可以假裝，也可以欺騙對方，但是你騙不了自己。你內心深處知道，所有承諾的愛仍然無法讓你感到滿足。

只有靜心能夠讓愛呈現新的色彩、新的音樂、新的歌曲、新的舞蹈，因為靜心讓你有洞悉力去了解兩極的對立，在真正的了解中衝突會消失。

世界上所有的衝突都是因為誤會引起的。你說了幾句話，你太太誤解成其他的意思。我看過共同生活三、四十年的夫妻，他們看起來仍然像第一天在一起一樣幼稚。還是在抱怨：「她不知道我在說什麼。」共處四十年，你還不能讓你的太太完全聽懂你說的，那你又完全了解她在說什麼嗎？

我認為除非透過靜心，否則不可能，因為靜心使你有寧靜、覺知、傾聽的耐心，使你有站在對方立場為對方著想的能力。

沒有什麼不可能的事，但我們還沒有找到正確的藥方。

我要你記得：「medicine（藥物）」與「meditation（靜心）」都來自相同的字根。藥物治療你的身體；靜心治療你的靈魂。藥物治療你物質的部分；靜心治療你靈性的部分。

人們生活在一起，但心靈卻充滿創傷；因此，一點小事就令他們非常受傷。

目拉那斯魯丁問我：「怎麼辦？無論我說什麼都會被誤會，然後馬上就有麻煩。」

我說：「試著做一件事：靜靜坐著，什麼話都不要說。」

隔天，我看到他比之前更沮喪。我說：「怎麼了？」

他說：「我只是靜靜坐著。她問我很多問題，但我決意繼續坐著。她說：『好，你不說是吧？』我仍然保持沉默。於是她開始拿東西打我！她非常生氣。她說：『情況越來越糟。起碼以前我們還能夠跟對方說話；現在連話都不說了！』所有的鄰居都聚過來，然後問：『發生什麼事了？你怎麼不說話呢？』有人開始猜測：『看起來他是被惡靈附身了。』

「我心裡想，天啊！他們會把我帶到那些白痴那裡，為了把惡靈趕出去而鞭打我。我說：『等等！我沒有被惡靈附身，我只是不說話，因為不論我說什麼都會引發爭執；我說了幾句話，她就必須也說幾句，然後我又得繼續說些什麼，沒有人知道要吵到什麼時候才結束。』我只是在靜心，做不傷害任何人的事，突然間所有周遭的人都反對我了！」

人們生活在一起互相不了解。所以，無論做什麼都會變成災難。

如果妳愛一個男人，靜心會是妳能夠送給他最好的禮物。如果你愛一個女人，送金剛鑽石不算什麼，靜心是更珍貴的禮物，它使你的生活充滿喜悅。

我們有全然喜悅的潛能，只不過我們不知道如何運用它。

單獨的時候，我們頂多會難過。和別人在一起，那才真的是地獄。

甚至像沙特(Jean-Paul Sartre)這樣一個傑出的天才，他也說另一半是地獄，獨身是最好的，你不可能跟對方和睦相處。他如此悲觀，他認為不可能跟對方和睦相處。對方是地獄。一般而言，他是對的。

透過靜心，另一半會變成你的天堂。但沙特不知道靜心。

這就是西方人的不幸。西方人缺少生命的成熟度，因為他們不知道靜心；東方人也有缺失，因為他們完全不懂愛。對我而言，就像男女是一體的兩面，愛與靜心也是如此。靜心是男人；愛是女人。靜心與愛的相會是男人和女人的相會。在相會中，我們創造出卓越的人類：既不是男人也不是女人。除非我們能夠在這個地球上創造出卓越的人類，否則希望不大。

問題　你曾說過，在對立中會發現最終的和諧，但我認為恨摧毀愛，憤怒扼殺慈悲。這些極端的行為在我內心對抗時，我該如何找到和諧呢？

你陷在一個誤解中。如果恨摧毀愛，憤怒扼殺慈悲，那麼愛或慈悲就沒有存在的可能性。你陷入其中，無法從中跳脫出來。你已經在恨中活了好幾世，它一定已經摧毀了你的愛。你已經在憤怒中活了好幾世，它一定已經扼殺了你的慈悲。

但你看，愛還在。恨來了又走，愛依然存活下來。憤怒來了又走，慈悲依然存活下來。恨無法摧毀愛；夜晚無法摧毀白天，黑暗無法扼殺光亮。不，它們依然存在。

所以，首先要了解的是，愛與慈悲是不會被摧毀的。其次，只有當你真的去愛，才會了解對立之後，和諧的可能性。

你沒有真的愛過，那才是問題。不是恨；恨不是問題，問題在於你沒有真的愛過。黑暗不是麻煩，麻煩的是你沒有光。如果有了光，黑暗就會消失。你不曾愛過。你想像、幻想、夢想過，但你沒有愛過。

去愛！我不是說光是去愛恨就會立刻消失——不。恨會對抗你，因為大家都要生存。恨會掙扎。你越愛，恨就越強烈抗爭回擊。但你會很驚訝的發現，恨來了又走。它不但不會扼殺你的愛，反而使你的愛更強壯。愛也會吸收恨。如果你愛一個人，有些時候你也會恨這個人。但那不會摧毀愛，它會讓愛更豐富。

恨到底是什麼呢？恨是一種離開的傾向。愛是什麼呢？愛是靠近的傾向。恨傾向分離、離婚。愛傾向結婚、靠近、親密、合一。恨是成為二，是分離。愛是合一，是互助。你恨的時候，你會離開你的伴侶、你愛的人。在一般生活中離開是需要的，離開是為了再回來。

就像吃東西一樣，你餓了所以吃東西；如果你已經吃飽，肌餓感就不見了，你就不會想要再吃東西。愛就像糧食。愛是糧食——非常精微、充滿靈性，它是食物，它會滋養你。當你愛一個人的時候，飢餓感會消失；你有了飽足感，然後突然間，離開的衝動出現，所以你們分開。但你會再度感到飢餓；你會想要更靠近、想要愛、想要掉入彼此裡。然後你又吃，之後會有幾個鐘頭你不再想起食物，你會再離開；幾個鐘頭後你又突然回來，又開始餓了。

愛有兩面，一面是飢餓，一面是飽足。你誤以為愛只有飢餓的那一面。一旦你了解那不是恨，那只是飢餓，那麼恨就變成愛的一部分，那麼恨就能夠豐富愛。憤怒也就變成了慈悲的一部分。沒有憤怒的慈悲是無能的、沒有能量的。有憤怒的慈悲是強而有力的、是堅韌的。

沒有恨的愛很無聊。伴侶關係看起來像是一種監禁，你無法離開。有恨的愛有一種自由；絕對不會像死水那樣渾濁。

在生命的數學運算模式中，人們會離婚是由於你每天繼續延緩你想要離開的念頭。你想要離婚的念頭不斷累積直到有一天婚姻完全被它扼殺、摧毀。如果你明白我的話，我會建議你不要等：每天都離婚再結婚。像白天與黑夜，飢餓與飽足，夏天與冬天，生命與死亡一樣。應該像那樣。早晨你感到愛，下午你覺得恨。愛的時候你真正的愛，全然去愛；恨的時候你真實的去恨，全然的去恨。你會忽然發現其中的美：它的美就在全然裡。

全然的恨就像全然的愛一樣美；全然的憤怒就像全然的慈悲一樣美。它的美就在全然中。光是憤怒很醜陋，光是憎恨也很醜陋——那只是沒有高點、沒有高峰的山谷。如果有高峰，低谷會變成美麗的風景。從高處往下看，低谷是如此迷人，從低谷望上看，高峰是如此優美。

你的生命之流在這兩岸之間移動。慢慢地，當你越來越了解生命的數學運算，就不會再認為恨是愛的對立。它們是互補的。你不會再認為憤怒是慈悲的對立，它是互補的。你也不會認為休息和工作是對立的，它們是互補的；黑夜和白天也不是對立的，它們是互補的。它們形成一個完美的整體。

因為你不曾愛過，所以你害怕恨。你害怕是因為你的愛不夠強壯。恨有可能摧毀愛。你無法很肯定你是不是能夠去愛；那就是為什麼你害怕恨與憤怒。你知道它有可能完全摧毀整間房子。你不確定這房子是否真的存在或它只是個虛幻、想像的房子。如果是想像的，恨會摧毀它；如果是真實的，恨會使它更強壯。暴風雨過後就是寧靜。恨過以後，情侶再度更新自己掉入彼此完全的新意裡，彷彿是第一次相遇。他們一次又一次的相遇，每一次都是第一次。

愛人總是在第一次相遇。如果是第二次相遇，那麼愛就已經變得老舊、陳腐、無聊。情侶總是天天談戀愛，精力充沛、朝氣蓬勃。你看著你的女人，甚至認不出你曾經見過她——太新了！妳看著妳的男人，他看起來像個陌生人；所以妳再度墜入愛河。

恨不會摧毀愛，只會摧毀愛的陳腐。它是一種清理，你了解了就會感激它。如果你也能夠感激恨，你就真的了解了；那麼，沒有任何東西能夠摧毀你的愛。你第一次真正植根於大地；你能夠承受暴風雨，因為它變得更有力量、更豐富。

不要把生命看成是二元的、不要把生命看成是一個衝突——它不是。我知道它不是。我經驗過——它不是。它是一個整體，所有的一切都是與它相融的。你只需要去發現怎麼樣讓它們相融，要如何容許它們吻合。容許它們彼此相融。它是一個美的整體。

如果你問我，會不會想要一個沒有恨的世界，我不會選擇這種世界；那絕對了無生氣而且很無趣。它可能甜美，但太膩了；甜到你會渴望鹽。如果有一個沒有憤怒的世界，我不會選擇它；沒有憤怒的慈悲不會有生命力。對立帶來張力、韌度。生鐵經過火煉之後會變成鋼；鐵沒有火的話，就無法煉成鋼；溫度越高，鋼就越有韌度、越有強度。如果你的慈悲能夠超越憤怒，憤怒的溫度越高，慈悲的韌度與強度就會愈大。

佛陀慈悲為懷。他是一個武士。他來自貴族血統的武士階級。他一定經歷過非常憤怒的人生——然後突然間變成慈悲。耆那教大師馬哈維亞(Mahavir)來自貴族家族。表面上看起來不合理，但這其中有某種一致性：所有主張非暴力的偉大導師都來自武士的血脈。他們談論非暴力、慈悲；他們曾經生活在暴力中，他們知道暴力，而且已經超越暴力。只有曾經活在火之中的武士才會產生如此強烈的慈悲，或是變成慈悲。

所以記住，如果你內心的這些極端在對抗，不要選擇。容許它們並存。一間大房子內有足夠的空間。不要說：「我只要有慈悲，不要憤怒；我只要愛，不要恨。」你會變得貧乏。

擁有一顆敞開的心，讓這兩者都存在。不需要在它們之間製造對抗；沒有對抗。對抗來自你的頭腦、你的學習、你的教養與制約。整個世界一直在教導你：「去愛，不要恨。」你怎麼能沒有恨只有愛呢？耶穌說：「愛你的敵人。」而我教導你：「也恨你的愛人。」這樣就會變成一個完美的整體。否則耶穌說的話不完整。他說：「愛你的敵人。」你只恨你的敵人，而他說你應該也要愛他。但缺少了另外一部分。我要你也恨你的朋友，你對你的敵人又愛又恨，也要對你的朋友又愛又恨。這只是銅板正面朝下或反面朝上的問題。那麼朋友會變成敵人，敵人會變成朋友。區別就消失了。

不要在內心製造對抗，容許兩者並存。兩者都需要，兩者給你一雙翅膀；唯有如此你才能夠飛翔。

遠離寂寞芳心俱樂部

有一件非常複雜難懂的事需要被了解：如果沒有愛，你會覺得寂寞，但如果你有愛，你真的在愛之中，你就會成為單獨的。

孤單寂寞是哀傷的；單獨不是哀傷。孤單是一種不完整的感覺；你需要某個人，而這個人沒空。孤單是黑暗無光。你在黑暗的屋子一直等待有人來為你點亮火光。

單獨不是孤單。單獨意味著你是完整的。你不需要任何人，你自己就足夠了，這只有在愛中才會發生。在真正的愛之中，伴侶兩個人都成為單獨的。你因為愛觸及到內在的完整。愛使你完整。伴侶們彼此分享，那不是出於他們的需求，而是他們洋溢出來的能量。

兩個孤單的人只能訂下婚約，然後在一起。他們不是愛人，記住。他們還是孤單的，只不過現在有另一半在，所以不覺得孤單，如此而已。他們設法欺瞞自己。他們的愛不是別的，就只是欺騙而已，欺騙自己：「我並不孤單，還有別人在這裡。」

兩個孤單的人相遇，孤單會加倍，甚至增加好幾倍。一向都是如此。當你一個人的時候你感到孤單，可是當你在關係中的時候你又覺得自己很悲慘。這種事情司空見慣。當人們不在關係中時，他們感到孤單寂寞，所以會尋找某個人跟他們產生連結。但一旦你跟某人在一起時，痛苦就開始了；然後他們又覺得最好還是獨自一個人——他們受不了了。

這是怎麼回事？兩個寂寞的人相遇——兩個憂鬱、難過、悲慘的人相遇——痛苦指數會增加好幾倍。兩個醜人怎麼可能變美麗呢？兩個孤單的人在一起怎麼可能產生完整或全然的感受呢？不可能。他們會互相剝削，他們藉由彼此的連結來欺騙他們自己，但那種欺騙撐不了太久。蜜月期結束時，婚姻也玩完了。那只是一個短暫的幻象。

真正愛的探索並不是一個為了對抗孤單的探索。真正的愛是把孤單蛻變成單獨，是幫助另一半。如果你愛一個人，你會幫助這個人單獨。你不會試圖滿足他或她。你不會試圖讓自己待在那裡使對方感到完整。你會幫助對方單獨，讓他或她自己是如此滿足而不需要你。

當一個人是全然的自由時，他才能分享。他會給予很多，不是為了需要；他給予很多，不是為了交易。他給這麼多是因為他有這麼多。他給予是因為他喜歡給予。真正的愛人有能力單獨，真正的愛人不會破壞你的單獨。他總是完全重尊你的個體性、尊重你的單獨。那是神聖的。他不會干擾你或侵入那個空間。

可是通常那些所謂的愛人們，都非常害怕對方的單獨、獨立。他們非常害怕，因為他們認為如果對方很獨立，就不需要他們，他們會被拋棄。所以女人不斷處理很多事，這樣她的先生或男朋友就會依賴她；他應該總是需要她，這樣她可以保持她的價值。這是交易，不是愛，只會造成持續不斷的衝突和對抗。這對抗是基於每個人都需要自由的事實。

愛容許自由；不只容許，它更強化了自由。任何破壞自由的都不是愛，它一定是別的東西。愛和自由是一起的，它們是一隻鳥的兩隻翅膀。當你看到你的愛違背你的自由，表示你正在做以愛為名的其他事情。

讓這成為你的準則：自由是標準；愛給你自由，愛使你自由，愛釋放了你。一旦你全然成為自己，你會對曾經幫助過你的這個人心存感激。那份感激幾乎是虔誠的。你會感受到對方內在某種神聖的東西。他使妳自由，她使你自由，愛沒有變成佔有。

當愛的品質墮落，就會變成佔有、嫉妒、爭權、權謀、支配、操控——一千零一種卑鄙醜陋的事。當愛遨翔，進入最純淨的天空，那是自由，絕對的自由。

如果你在愛裡，我談論的這種愛裡，你真正的愛將幫助對方整合。你真正的愛會成為對方的凝固力。在你的愛中，你的伴侶也以一個完整、獨特的個體與你融合在一起，因為你的愛給了對方自由。在你愛的保護之下，對方將會開始成長。

所有的成長都需要愛，無條件的愛。如果愛有條件，就無法全然成長，因為這些條件會阻礙成長。

毫無條件的去愛，不要要求回報，自然會有更多東西回到你身上。不要當一個乞丐，在愛中當一名王者，只是給予，然後看看會發生什麼事：它將以千倍回饋給你。但你必須學到這個本領，否則會變成吝嗇鬼；你給一點，然後等別人回饋，那等待與期待會摧毀它整體的美。

如果你有期待或等待，對方會感覺到你在操控。他也許會說出來也許不會說，但他會感覺得到你在操控他。如果你覺得對方試圖要操控你，你會想反抗，因為這違背了靈魂的內在需求；任何來自外在的要求都會使你分裂，任何來自外在的要求都是一種不利於你的罪行。你的自由受到污染，你不再神聖，你不再是你自己，你被當成工具利用。世界上最不道德的事就是把別人當工具使用。

每一個存在都應該保持是他本來的樣子。愛待你如你本來的樣子，你不會被拉進任何期待中。

所以要記住幾件事。第一是愛，沒有需求的愛——分享的愛。愛，但不期待，只是給予。愛，但記得，你的愛不會造成對方的限制。愛，但要非常覺知，因為你正朝向聖地前進；你正進入最高、最純粹、最神聖的殿堂。要小心！丟掉殿堂外所有的雜質。當你愛一個人，把他當成神一樣愛他，不能低於這個標準。不要把女人當女人愛，不要把男人當男人愛，因為如果妳把男人當男人愛，這個愛會很平凡，妳的愛只是性欲。如果你把女人當女人愛，你的愛飛不了太高。如果把女人當女神一樣愛，愛就成為禮敬。

在譚崔中，男人必須把即將要跟他做愛的女人視為女神，朝拜她幾個月。他必須想像這個女人是大地女神。當這個形象變得全然時，便不會產生性欲，當看著這個女人赤裸的坐在他面前時，他也只是感覺到神聖的能量而沒有性欲產生；這個女人的形體變成神，所有的思緒停止，只感覺到崇敬——唯有如此，他才被允許做愛。

這麼做看起來有點荒謬、矛盾，但其實它才是完美的。當他沒有做愛的需求時，才允許他做愛；當女人成為女神時，才允許他做愛；這時的愛才能高飛，才會達到頂點、達到極至。這個時候它不是塵世、不是世俗，不是兩個身體，而是兩個自性、兩個存在。它是兩個存在的相會。兩個靈魂相遇、結合、交融在一起，兩者都展現出極至的單獨。

單獨意味著純粹。單獨意味著你就是你自己，不是別人。單獨意味著，你是純金；只有黃金，沒有摻雜其他成分，就是你。愛使你單獨。孤單會消失，但單獨會升起。

孤單是一種你讓自己處於病態、覺得無聊、感到厭煩的狀態，所以你想到某處找某人好忘掉自己。單獨是自己一個人就很高興，自己一個人就很喜樂。你不需要去任何地方。需要消失了，你自己就足夠了。於是會有一種新的品質從你的本性中出現。你因為擁有太多以至於容納不下了，你必須分享、你必須給予。無論是誰接受了你的禮物，你都感謝他們的接受。

愛人因為他們的愛被接受而心存感激。他們會感到欣慰，他們的能量如此飽滿，他們需要一個人來傾注自己的能量。當一朵花綻放，在風中散播它的芬芳，它會感謝風。這朵花的芳香因為越積越多、愈來愈濃而變成一種負擔時，它需要散播、給予，好減輕這個負擔。就像懷孕的女人，九個月已經過去了，而孩子遲遲尚未出生，她負擔太重，她想要跟這個世界分享這個孩子。

這就是誕生的意義。到目前為止，女人一直懷著這個孩子，除了她自己之外沒有別人承擔。但現在已經太多了，她無法再容納他，必須分享；這個孩子必須與世界一起分享。母親要放棄她的吝嗇。孩子一旦離開子宮之後，就不再只屬於母親一人；慢慢地，孩子會離開，越來越遠，成為全世界的一部分。

這就如一朵累積許多雨水的雲，隨時準備要下雨；當它開始下雨，雲會感到如釋重負，對乾旱的大地感到開心、感激，因為大地接受了雨水。

有兩種形式的愛。一種發生在你感到孤單的時候：為了需要，你去找別人。另一種愛是當你不覺得孤單而是單獨時，你會開始給予、分享。第一個例子是你要獲得些什麼；第二個例子是你給予某些東西。給予的人是一名王者。

基於單獨產生的愛不是一般的愛。它和性欲無關，相反的，它是從性欲到愛最偉大的蛻變。愛使你具有個體性。如果不是如此，如果它使你變成奴隸，那就不是愛；那是恨偽裝出來的愛。那種愛會扼殺、摧毀對方的個體性。它使你缺少個體性，把你拖垮。你的內在品質沒有提升，你不會成為優雅的。你會被拖進爛泥裡，所有陷入這種關係的人會開始覺得他與什麼骯髒的東西在一起。

愛應該給你自由，絕對不能少於此。愛必須讓你完全自由，讓你在天空中自由遨翔，在任何地方都毫無牽絆。愛不是依附；性欲才是。

靜心與愛這兩種方法都能達到我所說的這種個體性。兩者息息相關。事實上，它們是一枚硬幣的兩面：愛與靜心。如果你靜心，你遲早會產生愛。如果你深入靜心，你遲早會開始感覺一股從來不曾有過的大愛從你的內在升起：你存在的新品質，一道新的門打開了。你變成新的火焰，你想要分享。

如果你愛得很深，漸漸地，你會察覺到你的愛越來越成為靜心。一種精微的寧靜品質進入你的內在。思緒消失了，空隙出現了，然後是寧靜。你觸及自己內在的深度。

如果你朝正確的路走，愛會使你具有靜心的品質。靜心會使你具有愛的品質。

你無法直接對抗孤單的黑暗，這是每個人都要理解的基本道理，有一些基本事情是無法改變的。這是其中之一：你無法直接對抗黑暗、對抗孤單、對抗孤立的恐懼。原因是，所有這一切都不存在，他們只是某些事物的不在，就像黑暗是光明的不在一樣。

你這輩子不斷對抗黑暗，卻從來沒有贏過，但只要一根小小的蠟燭就足以驅逐它。你必須運用光，因為它是正面的、是存在的；它本來就存在。一旦光出現，一切光不在的現象就會自動消失。

孤單和黑暗很像。

你不知道你的單獨。你還沒有經驗過你的單獨以及它的美、它巨大的力量以及強度。孤單與單獨在字典上是同義詞，但是存在（existence）不會遵循你的字典。沒有人嘗試去編一本與存在不相牴觸的存在性字典。

孤單是一種不在，你不知道你自己的單獨，所以有恐懼。你感到孤單，所以你要緊抓住某樣東西、某個人或某個關係，你緊抓這些幻象讓你不會感到孤單。但你知道你是孤單的，因此你痛苦。於是你緊抓著某些不真實、暫時可以排遣痛苦的關係和友誼。當你在關係中時，你可以創造出一點幻象讓你忘掉你的孤單。

問題在於就算你暫時忘記你的孤單，下一個片刻，你又會突然覺察到你的關係或友誼不會永久。昨天你還不認識這個男人或女人，你們還只是陌生人，今天你們是朋友，誰知道明天會怎麼樣呢？明天或許你們又成了陌生人，所以你會有痛苦。

幻象提供某種程度的慰藉，但無法創造出實相去除所有恐懼。它壓抑恐懼，你表面上感覺很好——至少你試著感覺很好。你假裝感覺自己很好：這個關係有多好，這個女人或男人有多好。但在幻象的背後——幻象是如此單薄，你可以從背後看到它——是心痛，因為心很清楚明天可能一切都不同了，而且明天就是會不同。

整個生命的經驗都在告訴你：凡事都一直在變，沒有任何事物是靜止的；你無法在這個變動的世界裡緊抓任何東西不放。你想要你的友誼恆久不變，但是你的欲望違反這個一切皆會改變的法則，這個法則沒有例外。它只是繼續做自己的事。它會改變，一切都在變。長時間下來，有一天或許你會了解到，其實存在（existence）不聽從你是好的，它不管你而照著自己的方式運轉，它不根據你的欲望運作是好的。

你可能需要花一點時間去理解。你想要這個人永遠是你的朋友，但明天他卻變成一個敵人，或只是對你說：「滾開，別煩我！」就不再跟你在一起。然後，更優秀的人填補了這個空隙。突然間你了解到失去這個朋友是好的，否則你會一直跟他黏在一起。不過，這個課題還沒有深入到讓你停止要求永恆不變。

你開始要求和這個男人或女人的關係恆久不變：現在應該不會改變了。你還沒有真正了解到改變是生命的本質。你必須了解它，順應它。不要創造幻象；幻象沒有幫助。然而每個人都在創造不同的幻象。

我以前認識一個人，他說：「我只相信錢，別的都不信。」

我說：「你做了一個非常重要的陳述。」

他說：「每個人都會改變。你無法依賴任何人。當你老了，只有錢是你的。沒有人在乎你，甚至你的兒子、太太都不會在乎你。如果你有錢，他們全都在乎你、尊敬你，因為你有錢。如果沒有錢你會變成一個乞丐。」

他說世界上唯一可以信任的是錢，這個想法是來自長久的生活經驗，來自一次又一次被他信賴的人欺騙後造成的。他以為他們愛他，但他們是為了錢而圍繞在他身邊。

我對他說：「但是，你死的時候，錢不會跟著你。你可以抱著起碼還有錢陪你的幻象，但當你的呼吸停止，錢就不再是你的。你賺的錢都會被留在一旁，你無法帶著它一起死。你會陷入一種你一直以來隱藏在金錢表象背後的孤單。」

有些人追逐權力，理由是一樣的：當他們擁有權力時，有很多人跟著他，他掌控著千萬的人。但他們不是單獨的。他們是偉大的政治家或宗教領導者。但是權力會改變。今天你擁有它，改天它走了，突然間整個幻象都消失了。你的孤單和市井小民的孤單沒有差別，別人起碼已經習慣了孤單，而你還不習慣。你的孤單傷你更深。

社會會試著做些安排讓你可以忘掉孤單。相親結婚就是一種努力，這麼一來，你知道你還有太太陪伴你。所有的宗教都基於一個簡單的理由反對離婚：如果允許離婚，發明結婚的基本目的就被破壞了。這個基本目的就是給你一個伴侶，一個一輩子的伴侶。

但是，就算太太或先生會跟你生活一輩子，也不表示愛會恆久不變。事實上，他們並不是給你伴侶，反而是給你一個包袱。你的孤單已經讓你很困擾了，現在你必須扛另一個人的孤單。這樣的人生是沒有希望的，因為一旦愛消失，你們兩個人陷入孤單，兩個人都要容忍彼此。現在的問題不是在於彼此之間有多著迷，而是彼此之間有多少耐心包容。你的孤單不會因為社會的婚姻策略而改變。

宗教試著讓你成為宗教組織的一員，這樣你就一直在人群裡。你知道有千百萬個天主教徒；你不是一個人，有千百萬的天主教徒和你在一起。耶穌基督是你的救世主。上帝與你同在。偶爾你會懷疑，你單獨一個人可能是不對的，但千百萬人一起一定不會錯。這看起來好像對你有一點支持，但是甚至連那一點支持也不管用，因為還有千百萬人不是天主教徒。有人把耶穌釘上十字架，有人不相信上帝。而他們的數目不會少於天主教徒，甚至更多。何況還有觀點不同的其他宗教。一個有悟性的人也很難不懷疑。你與千百萬人跟隨一個特定的信仰組織，但你仍然無法確定他們會與你同在而令你不再感到孤單。

上帝是一種策略，但是所有的策略都失敗了。它是一種策略……當所有的人都不在的時候，至少上帝與你同在。祂處處與你同在；在靈魂的黑夜中，祂與你同在，所以不要害怕。這對於一個幼稚、容易被這個概念矇騙的人而言是好的，但你無法被欺騙。這個無所不在的上帝——你看不到祂、無法和祂說話、碰觸不到祂。除了你渴望祂應該存在之外，你沒有任何證據證明祂真的存在。你的渴望什麼也證明不了。

上帝只是幼稚頭腦的一種欲望。人類已經成長，上帝也變得沒有意義。這個假設已經失去它的吸引力。

我想說的是：一切試圖逃避孤單的努力都失敗了，也即將失敗，因為它違反生命的本質。你要做的不是去忘掉你的孤單，而是覺察你的單獨，那是一種真實。去經驗它、感受它是很美的，因為它是你從人群、從另一個人身上獲得的自由。它是你從孤單的恐懼中獲得的自由。

光是「孤單」這兩個字，就立刻讓你想到它就像一個傷口：一個需要去填補的東西。一個缺口受傷了，得在那個缺口放點什麼。「單獨」這兩個字跟必須被填補的傷口或缺口是不同的。單獨是完整的意思。你就是整體；不需要任何別人讓你完整。

所以，試著找出你內在最深處的中心點，那個你單獨的所在，它已經單獨很久了。無論是生是死，無論你在哪裡都是單獨的，而它是如此充滿、不空虛，它如此完整，洋溢著生命所有的活力、所有的美以及存在的祝福，一旦嚐到單獨的滋味，你心中的痛就會消失，取而代之的是一種無限甜美、平靜、喜悅與幸福的新韻律。

一個歸於中心、單獨、自我完整的人不表示他不會去交朋友。事實上，唯有那樣的人才能交朋友，因為不再是需求，而是分享。你有太多可以分享。

而且，你分享時也不會有緊抓不放的問題。你順隨存在而流、順隨生命的變化而流，分享給誰並不重要。明天可以還是同一個人——一輩子都同一個人——或者也可以是不同的人。它不是契約、不是婚姻；你想給予是因為你的豐足。所以無論是誰正好在你身邊，你就給予。給予是如此的喜悅。

乞討是多麼不幸。你就算討到某些東西，你還是一樣悲慘。它令人受傷。它傷了你的自尊心、它傷了你的完整。但分享使你更歸於中心、更整合、更有尊嚴——不是自我主義，它只是因為存在對你慈悲而讓你引以為豪。它不是自我；它是完全不同的現象。它是一種認可：存在給予你某些千萬人都在找尋卻苦無門路的東西。你碰巧找對了門。

你自豪於你的喜樂以及存在給你的一切。恐懼消失了，黑暗消失了，痛苦不見了，對對方的欲求也不見了。你可以愛某人，如果他愛別人你也不會嫉妒，因為你出於喜悅而愛，那不是執著，你不是把另一個人關在監牢裡。你不擔心另一個人會不會從你手中鬆脫去找別的戀情。當你分享你的喜悅，你不會在任何人身上造出一座監牢。你只是給予，甚至不期待別人的感謝，因為你不是為了得到什麼而給予，甚至不是為了感謝而給予。你給予只是因為你太豐足了而必須給予。

所以，我不會要你對你的孤單做什麼。尋找你的單獨，忘掉孤單、忘掉黑暗、忘掉痛苦。這些都只是單獨的不在，單獨的經驗會立刻驅散它們。方法是一樣的：觀照你的頭腦、意念。覺知，變得越來越有意識，最後你只意識到你自己。那就是你覺知到單獨的瞬間。

同時，你應該常常覺察自己面對的問題是負面的或正面的。如果是負面的事情，不要和它對抗，不要去理它，只要找出它的正面性，你就找對了門。世界上大多數的人都錯過了，因為他們直接對抗負面的門。那裡沒有門，只有黑暗、只有不在。他們越抗爭就越挫敗、越氣餒、越悲觀，最後他們認定生命沒有意義，生命不過是磨難。他們錯在他們找錯了門。

在你面對問題之前，看著它——它是某些事物的不在嗎？事實上，你所有的問題都是某些事物的不在。一旦你找出是什麼不在，找出它的正面性。找到它的正向性就等於找到了光，黑暗就結束了。

問題

為什麼我只有在戀愛時才會有活力呢？我告訴自己，我應該可以點燃自己的光，不用靠別人，但到目前為止還沒那麼幸運。我是在跟自己玩《等待果陀》(*Godot*) 這種愚蠢的遊戲嗎？上一段戀情結束之後，我對自己發誓，不再讓舊事重演，但現在我又開始覺得自己只有一半是活的，在等待「他」的來臨。

一個人在沒有經驗到自己內在最深處的核心之前，會一直需要有另一半。除非他對自己很了解，否則他還是需要另一半。但對於另一半的需要是矛盾的；它的本質就是矛盾的。當你一個人的時候你感到孤單，你覺得少了另一半；你的生活似乎只有一半。沒有喜悅、沒有流動、沒有花開；生活缺乏滋養。如果你和另一個人在一起，又會產生新的問題，對方會開始侵佔你的空間。他會對你開出一些條件，開始要求你，摧毀你的自由，而這令你受傷。

當你跟某人在一起，蜜月期只會有幾天，你的悟性越高，蜜月期就越短。只有非常遲鈍的人才能夠待在一段戀情裡很久；對於感覺遲鈍的人來說，它可以是一輩子的事。但如果你是悟性高、敏感的人，你很快就會了解你在做什麼。對方摧毀你的自由，你突然覺知到你需要自由，因為自由是無價的。於是你決定不再為另一個人多費心思。

當你再度一個人的時候你很自由，但你仍會覺得缺少了什麼，因為你的單獨不是真正的單獨；只是孤單，一種負面狀態。你完全忘了自由這件事。你是自由了，但你能拿這自由怎麼辦？自由裡面沒有愛，這兩者都是基本的需要。

到目前為止，人類一直用一種混沌不清的愚蠢方式生活著：你可以選擇自由，但是你必須放棄愛的念頭。所有宗教的和尚、修士、尼姑、修女就是這麼做：放棄愛的念頭，你就自由了；沒有人會阻礙你，沒有人會干涉你，沒有人會要求你，沒有人會佔有你。但這麼一來，他們的生命變得很冷淡、死氣沉沉。

你可以到修道院去看看那些修士修女們，他們的生活很醜陋。充滿死亡的惡臭；沒有生命的芬芳。沒有舞蹈、沒有喜悅、沒有歌唱。所有的歌唱都消失了，所有的喜悅都枯萎了。他們全都麻木了，他們要怎麼跳舞？他們都殘廢了，他們要怎麼跳舞呢？沒有什麼好跳的。他們的能量阻塞，不再流動。能量流動需要有另一個人；沒有另一個人就沒有流動。

而大多數的人決定選擇愛放棄自由，但這麼一來他們卻活得像奴隸一樣。男人把女人貶低成物品、商品，當然女人也用自己高明的手腕做同樣的事：她讓所有的先生都怕老婆。

我聽說：

紐約有幾個怕老婆的先生聯合起來。他們組成了一個社團，要抗議、對抗女人——男人的解放運動！他們推選一個最怕老婆的人擔任社團的主席。

第一次的大會要開始了，但主席一直沒有出現。他們都很擔心。他們衝到他家問：「怎麼回事？難道你忘了嗎？」

他說：「我沒忘，但我老婆不准我去。她說：『只要你出去就不要再回來了！』我不能冒那麼大的風險。」

男人把女人貶為奴隸，女人也把男人貶為奴隸。兩個人當然都討厭當奴隸，兩個人都抗拒。於是他們吵個沒完；一點小事就可以開始吵。

但真正的爭吵、對抗是有更深的含意的；真正的爭吵是因為他們都要自由。他們無法說得很清楚，他們可能完全忘了這回事。幾千年來人們就是用同樣的方式生活著，他們看過他們的祖父是這樣過的。這就是人們生活的方式；他們接受這種方式，他們也毀了自己的自由。

就像你想用一隻翅膀飛向天空。有些人是愛的翅膀，有些人是自由的翅膀，但這兩種人都不能飛。你需要兩隻翅膀。

妳問：「為什麼我只有在戀愛時才會有活力呢？」這很自然，沒有什麼不對。本來就應該如此。愛是一種自然的需求；跟食物一樣。餓了自然就會覺得心神不寧。沒有愛，你的靈魂會飢餓；愛是靈魂的滋養。就像身體需要食物、水、空氣一樣，靈魂需要愛。但靈魂同時也需要自由。這是最奇妙的事之一，而我們還沒有接受這個事實。

如果你有愛，就不需要摧毀你的自由。兩者可以並存；它們不是對立關係。是我們的愚蠢創造出對立關係。因此，修行者認為世俗的人都是笨蛋，而世俗的人心裡明白修行者才是笨蛋；他們錯過了生命所有的喜悅。

一個偉大的牧師被問道：「愛(Love)是什麼？」

牧師說：「愛就是一個由兩個母音加兩個子音的單字，另外加上兩個笨蛋！」

那就是他們對愛的譴責。所有的宗教都譴責愛，他們崇尚自由。

在印度，我們稱最終的經驗為：「Moksha——莫克夏」；莫克夏的意思是全然的自由。

妳說：「我告訴自己，我應該可以點燃自己的光，不用靠別人，但到目前為止還沒那麼幸運。」狀況會一直如此，不會改變。妳倒不如改變自己對於愛與自由的制約。愛這個人，但給他完全的自由。愛他，但是一開始就清楚妳不是在販賣自由。

如果你在這個社區、和我在一起的時候沒有辦法讓它發生，那麼沒有其他的地方能夠發生。我們在這裡實驗許多事情，我們實驗的方向之一就是讓愛與自由有可能結合，支持它們共存。愛一個人，但不去佔有，也不被佔有。堅持自由，但不錯失愛！沒有必要，自由與愛不是天生的敵人；那是被創造出來的。當然，幾個世紀以來都是如此，所以你也習慣了；它成為一種制約。

南方有一個說話聲音沙啞到幾乎讓人聽不到的老農夫。他靠在鄉村小路旁的籬笆上看著林地裡幾隻山豬。這些山豬每隔幾分鐘就會從籬笆的洞鑽出來，狂奔到對面道路旁的林地裡，之後又立刻奔回來。

「這些豬到底怎麼了？」一個路過的陌生人問。

「不是牠們的問題，」老農夫低聲嘶啞的說：「這些是我的豬，我聲音啞掉以前都是喊著叫牠們吃飯，沒聲音之後，到了吃飯時間，我都是用棍子敲打籬笆的欄杆提醒牠們。」

他停頓了一下，沉重的搖著頭。「現在，」他又說：「樹上那些該死的啄木鳥把這些可憐的豬們搞瘋了！」

都是因為制約！人類就是如此。

提出「制約反應」理論的先鋒研究者巴夫洛夫(Pavlov)，他的一位追隨者以類似的方式做了一項實驗。他買了一隻小狗，要牠要站立起來對著牠的食物吠叫。他拿著小狗的食物故意讓牠碰不到，牠叫了幾聲之後，才把食物放在牠跟前。他的計畫是，讓小狗藉由站立和叫而聯想到牠的食物，他要讓牠學習到，牠餓的時候可以這麼做。

實驗持續大約一個星期，小狗失敗了。又過了一個星期，這個人放棄這項實驗，只是單純把食物放在小狗面前，但小狗卻不肯吃。牠在等主人讓牠站立和吠叫！現在牠被制約住了。

那只是一個制約，它可以被丟棄。你只需要一點靜心的品質。靜心只是頭腦反制約的過程。無論這個社會對你做了什麼都必須解開。當你不受制約了，你就能看到愛與自由並存的美；它們是一枚銅板的兩面。如果你真的愛這個人，就會給他或她絕對的自由——那是愛的禮物。當你有了自由，愛會給予最大的回應。當你給予某人自由，你給予一項最好的禮物，同時愛會對你蜂擁而來。

你問我：「我是在跟自己玩《等待果陀》這種愚蠢的遊戲嗎？」不。

「一段戀情結束之後，我對自己發誓，不再讓舊事重演，但現在我又開始覺得自己只有一半是活的，在等待『他』的來臨。」只是用發誓、做決定，妳無法改變自己。妳必須去了解。愛和自由一樣，都是基本的需要，所以兩者都必須被滿足。一個充滿愛與自由的人是世界上最美的人。當兩個如此美的人相遇，他們的關係再也不只是一種關係。

它是一種連結。它是一種如河水般源源不絕的流。它是一種繼續朝向更高層次的成長。愛與自由最後的頂點是神性的體驗。在那裡，你會找到純粹的愛與絕對的自由。

問題

我一直害怕單獨一個人，因為當我一個人的時候，我會開始去想我是誰。我覺得如果我繼續深入探索，會發現自己不是過去二十六年來所認識的那個人，而是現在這個片刻或是上一個片刻所誕生的這個人。基於某些理由，這讓我極度恐慌。它讓我覺得很瘋狂，我為了要有安全感，反而讓自己沉迷在外在的事物裡。我是誰，我為什麼會恐懼？

不只你有恐懼，它是每一個人的恐懼。因為沒有人是你本來的樣子。社會、文化、宗教以及教育協力反對天真的孩子。他們握有一切的權力，而孩子是無助和依賴的。所以無論他們要將他塑造成什麼樣子，他們就會想辦法做到。他們不允許任何一個孩子以他與生俱來的方式成長。他們如此費力的目的是要讓人類有用途。

誰知道，如果讓孩子按照自己的方式長大，他是否能符合既得利益集團的使用目的呢？社會還沒準備好冒這個風險。因此它急於抓住這個孩子，將他塑造成社會需要的樣子。就某種意義而言，這麼做等於扼殺了這個孩子的靈魂，給他一個假身分，這樣他就再也不會去想到他的靈魂，他的本性。

這個虛假身分是一個替代品。但這個替代品只有在給你這身分的同一個群體才派得上用場。當你單獨的時候，這些虛假會開始剝落，受到壓抑的真實會開始表露它自己。因此你害怕孤單。沒有人喜歡孤單，大家都想要歸屬某個群體——不只一個，還要歸屬許多群體。要歸屬宗教團體、政黨、扶輪社以及其他很多小團體。因為是假的，所以你需要一天二十四小時得到支撐，沒有支撐就站不住腳。一個人是單獨的時候，會開始感覺到一種奇怪的瘋狂。

那就是你問的問題，二十六年來你相信你自己是某人，突然間，就在單獨一個人的時候，你開始感覺到你不是那個樣子。它會產生恐懼；那麼你是誰？二十六年來的壓抑——你需要時間讓真實表露它自己。神祕家把真假之間的空隙稱為「靈魂的黑夜」——非常恰當的措辭。你不再是幻象，但你又還不是實相。你處於一個中間地帶，你不知道你是誰。

尤其是在西方——問這個問題的人就是來自西方社會，這個問題會更複雜。因為他們還沒有發展任何方法去探討實相，以縮短靈魂的黑夜。西方不懂靜心。而靜心只是單獨、寧靜、等待實相自行表露的一個名稱而已。它不是一個行動，它是一種寧靜的放鬆，因為無論你做什麼，都只是出自你虛假的性格。你二十六年來所做的一切都是出自於它；那是一個舊的習性。

習性很難改掉。

印度一位偉大的神祕家艾內斯(Ekanth)，準備帶領他的門徒進行一趟神聖的朝聖之旅。那是一趟將近三至六個月的旅程。

有一個人來，跪倒在他腳下說：「我知道我不配。你也知道，大家都認識我。但我知道你的慈悲大過我的卑劣。請允許我也加入這個即將開始的朝聖旅程。」

艾內斯說：「你是個小偷，而且你還不是個普通的小偷，你是小偷高手。你從來沒被逮捕過，大家都知道你是小偷。我當然想帶你跟我一起去，但我也要考慮其他同行的五十個人。你必須答應我——我不會對你做更多的要求，這三到六個月的朝聖期間，你不會偷竊。之後就隨便你。等我們回家之後，你就不需要遵守這個承諾。」

這個人說：「我完全準備好遵守這個承諾，非常感激你的大慈大悲。」

其他五十個人都在猜疑。信任一個小偷……，但他們無法對艾內斯開口，他是師父。

朝聖之旅開始，第一個晚上就碰到麻煩了。隔天一早一團混亂：有些人的外套不見了，有些人的上衣不見了，有些人的錢不見了。每個人都在大叫：「我的錢到哪去了？」他們全都去跟艾內斯告狀：「我們從一開始就在擔心你讓這個人加入。這是一輩子的習性……。」

然後，他們開始找，他們發現東西並沒有被偷。有些人的錢不見了，但是在別人的袋子裡找到了。有些人的外套不見了，卻在別人的行李袋裡找到。每一樣東西都找到了，不過卻是一場沒必要的折騰——每天早上都是如此！沒有人想得通這到底有什麼意義？當然不是小偷做的，因為沒有東西真的被偷走。

第三天晚上，艾內斯熬夜沒睡，想要看看到底發生什麼事。就在三更半夜，這個小偷——只是出於習性——醒過來，開始把東西從一個地方拿到另一個地方。艾內斯制止他說：「你在做什麼？你忘了你的承諾了嗎？」

他說：「沒有，我沒有忘記過我的承諾。我沒有偷任何東西，但我沒承諾你不可以把東西從一個地方放到另一個地方去。六個月後我又得成為小偷；這只是在練習。你必須了解，這是一輩子的習性，不能說改就改。請給我時間，你也必須了解我的困難。這三天以來我沒有偷過任何一樣東西——就像斷食一樣！這只是一種替代方式，我讓自己保持忙碌。這是我的工作時間，在三更半夜，要我只是躺在床上睡不著實在太難了。這麼多白痴都睡著了，我沒有傷害任何人，到了早上，他們會找回他們的東西的。」

艾內斯說：「你是一個怪人。你知道每天清早都這麼混亂，浪費一兩個鐘頭尋找你調包的東西……」

小偷說：「這個部分要請您多包容了。」

你這二十六年的虛假人格都是被你所愛的人、你尊敬的人強加在你身上的，這些人不是故意要害你。他們其實是出於好意，只不過他們的覺知程度是零。他們不是有意識的人：你的父母、你的老師、你的牧師、政客都不是有意識的人，他們都是無意識的。即使是好意，在一個無意識的人身上也會變成毒素。

所以只要你單獨一個人的時候，你就會有很深的恐懼，因為幻象突然開始消失，而實相要花一點時間才會出現。你二十六年前就已經失去它。你必須思考這個事實，你有二十六年的空隙必須被填補。

在這樣的恐懼中「我失去自己、失去判斷力、神志、意念、一切……」，因為你的自我都是其他人灌輸給你的諸多事情組成的——所以你看起來像是快要精神錯亂。你得馬上做些什麼保持忙碌。如果沒有人在，你也會做些什麼，好讓虛假保持忙碌不會消失。

因此，人們發現假日是最難熬的日子。工作了五天，希望週末好好放鬆一下，但週末是這個世界上最糟糕的時刻。發生在週末的意外更多，自殺的人更多，謀殺事件更多；偷竊更多，強姦更多，洗劫更多。真是怪了，這些人連續忙五天都沒事。到了週末忽然讓他們有一個選擇，選擇要做些什麼事或放鬆，但是放鬆是很可怕的，虛假的人格會消失。所以要保持忙碌，做任何蠢事都好。

人們奔向海灘，車子大排長龍，交通阻塞好幾公里。如果你問他們要去哪裡，他們要「遠離人群」，結果是一窩蜂的人跟著他們！他們要找個偏僻安靜的地方——每個人都要。事實上，他們待在家裡會比較偏僻安靜，因為所有白痴都出去找一個偏僻安靜的地方。他們像瘋子一樣橫衝直撞，因為兩天很快就過了，他們就是要去，不必問去哪裡！你看過海灘上的情況，連菜市場也沒這麼擠。夠奇怪了，人們非常自在的做日光浴。成千上萬的人擠在一片小小的海灘上做日光浴。

海灘上那些人如果單獨一個人是放鬆不下來的。但他知道，他的周遭有好幾千個人都正在放鬆。辦公室裡同樣的一群人，路上同樣的一群人，商場中同樣的一群人，現在全都在海灘上。

人群，是虛假能夠生存的一個元素。你一孤單就會開始抓狂。這就是為什麼人必須多少懂一點靜心。

不要擔心，會消失的東西都值得消失。緊抓不放是沒有意義的——它不是你的，它也不是你。當幻象消失不見，繼之而來的是那個充滿活力、天真、純潔的自性。

沒有人能回答你這個問題：「我是誰？」——你自己會知道。

所有的靜心技巧都是用來摧毀幻象。它們不會給你實相——實相無法給予。能給予的就不是真的。實相是你本來就有的；只是幻象必須被拿開。

靜心其實就是成為寧靜與單獨的勇氣。慢慢地，你開始感覺到自己的新品質、新活力、新的美與新的領悟力，它不是任何人借給你的，它在你的內在成長。它在你的存在中紮根。如果你不是懦夫，它會開花結果。

只有那些有勇氣、有膽識的人才能夠虔誠靜心。不是那些常常去做禮拜的人：這些人是懦夫。不是印度教徒，不是回教徒，也不是基督徒：他們反對找尋真理。這群人都是想鞏固自己的假身分。

你誕生。帶著生命、意識與無比的敏感度來到這個世界上。看看小孩子。看看他們的眼睛，如此鮮活清新。可是這一切都被虛假的人格給遮蔽住了。

你不需要害怕。你只會失去那些早該丟掉的東西。越快失去越好，因為它待得越久就越強壯，你完全不知道明天會怎麼樣。不要在還沒有明白自己的真實本性之前死去。只有少數幸運的人活在他們真實的自性中，死於真實的自性裡，因為他們知道生命是永恆，死亡是幻象。

遠離虛假的自已！你應該一直保持覺知，在任何感受到不快樂的情況下就應該遠離它。否則它會成為你的習性，你會漸漸失去你的敏感度。你會繼續受苦，繼續生活在裡面，只會越來越遲鈍。

不需要這樣！如果孤立讓你不好受，遠離它。見見人們，享受聚會，談天說笑，等你厭倦了，再度回到你的單獨裡。

你要時時記得，用你內心喜樂的感受去衡量一切。如果你感到喜樂，那麼每一件事情都是正確的。如果你感覺不到喜樂，那麼無論你做什麼都會覺得哪裡不對。你待在那裡越久，它就越變成沒有覺知的東西，以至於你完全忘了。是因為你的合作，這個不幸的感受才會繼續。它需要你的合作；它無法自己存在。

人類的成長需要你從這一端到另一端。有時候單獨非常好：一個人需要有自己的空間，一個人需要忘掉全世界，跟自己獨處。沒有對方在，所以你對自己可以不需要有界線。是對方造成你的界線，不然你是無限的。

當我們與人們生活在一起；在人群、社會中行動，漸漸地，會覺得狹隘、受到限制，彷彿四周都是牆壁。它成為一道隱隱約約的禁錮，必須拿掉它。一個人有時需要完完全全的獨處，讓所有的疆界消失，就像別人完全不存在，整個宇宙、整個天空只為你一個人存在。在單獨的那個片刻中，你會第一次了解到什麼是無限。

但如果你待在單獨中太久，漸漸地，你會對這個無限失去興趣，它會變得索然無味。有純淨與寧靜，卻沒有狂喜。狂喜總是透過另一個人才會出現。所以人開始渴望愛，想要逃離這個單獨、這個浩瀚廣闊的空間。人會想要一個被人圍繞的舒適空間，讓他忘掉自己。

這就是生活的基本兩極，愛與靜心。只想透過愛與關係生活的人，會漸漸變得非常狹隘。他們失去無限與純淨，同時變得很膚淺。總是生活在關係裡意味著，總是生活在與另一個人接觸的界線上。所以，你總是站在門口，從來不曾進入你的宮殿，因為只有門口是人們交會、來往經過的地方。所以，只生活在愛中的人，會漸漸變得膚淺。生命失去了深度。而只生活在靜心的人會很深入，但卻失去色彩，失去狂喜的跳舞與存在高潮的品質。

真正的人類，未來的人類，將會擁有這兩極共同存在的生活，我的整個努力就是在分享這個領悟。人應該可以自由地與人群相處或單獨一個人，而不局限在兩極。你不應該害怕市場，也不應該害怕修道院。你應該自由地從市場走到修道院，從修道院走到市場。

這種自由，這種有彈性的移動，我稱為靜心行者(Sannyas)。擺動幅度越大，你的生命就越豐富。人們總喜歡保持在生活中的某一極，這樣的話，彷彿簡單多了。如果你維持只和人們在一起，處於人群中，那會比較容易，但你會缺乏深度。如果你成為一個修道士或住在喜馬拉雅山上，生活會非常簡單，但簡單不複雜的生活會失去許多豐富。

生活應該是簡單與複雜兩者都有。人應該不斷的尋求這個和諧；否則生活變成只有一個調子，一個單音。你可以不斷重複，但譜不出樂曲。

所以，無論什麼時候你意識到某些事情有點厭煩了，在你快要無意識以前立刻轉移。不要讓任何地方變成你的家，不要關係也不要單獨。保持流動、不固定，不要停留在任何一極。享受它，與它為樂，但在它結束時移到另一端：讓它成為一種節奏。

你白天工作，晚上休息，你隔天可以再度精力充沛準備工作。想想看，如果一個人日以繼夜的工作，或是睡一整天覺——這是一種什麼樣的生活呢？一個會瘋掉，另一個會昏迷。這兩者之間有一種平衡，一種和諧。辛勤工作讓你能夠放鬆。深度放鬆讓你有能力工作、使你更有創造力。

問題

請幫助我！我的男朋友在果亞（Goa，印度南部的海灘）五個星期了，我從來不曾有過如此美好的時光享受自由與獨立，不需要面對我的嫉妒與佔有，一整天只是自在地順著生命之流漂浮著。現在他就快回來了，我開始緊張不安，開始猜測他現在正在做什麼，如果他有別的女人怎麼辦等等。對一個特定對象的執著，為什麼同時會產生舒適和難受這兩種感覺呢？我不是靜心的那種人，但有沒有可能超越心的執著得到自由，還是只能去經歷它，超越它，受折磨並享受這整件事？

我認識妳的男朋友：如果他去果亞永遠待在那裡的話，每個人都會很開心！他是一個挑戰，所以妳開始緊張不安，這是正常的。不要擔心他會愛上任何女人，因為不會有女人想跟他扯上關係。他是個怪人，但是妳愛他。妳沒辦法愛一個單純的人。你們是為彼此而誕生；妳找不到別的男朋友，他也找不到別的女朋友。所以不要擔心佔有或其他事情。妳可以決定不佔有，但他仍然是妳的男朋友。他還能去哪裡？妳是處在一個無慮、安全、肯定、有保證的狀況下。

首先，妳遇到他是個奇蹟。我第一次聽到時，我說：「天啊！這太不可思議了。這兩個人在一起一定會引起很多麻煩。」然而，他還黏著妳，妳也還黏著他。你們相愛的時候幾乎都在吵架，當你們厭倦了爭吵，你們依然相愛，那只是當時你們都累了。現在他也會感到緊張不安，因為他得回來。我建議他離開幾個星期。他馬上就離開，當他一接到我的訊息：「去果亞。」他一天都等不及！這五個星期他一定很享受，和妳一樣的享受。現在妳感到緊張不安，他也會不安，這幾個星期終究會結束。

但當他回來時，妳內心其實很開心，他也一樣。讓他回來。他只是妳的舊男友：妳知道他每個細節，他知道妳每個細節。所有的爭吵都很熟悉，所有的問題也眾所皆知。不需要緊張，沒有什麼事是新的。還不是同一個老傢伙，所以讓他回來，以同樣的舊模式再度開始生活。

這是某個需要了解的事情：你交的女朋友或妳交的男朋友都是你應得的。你不會無緣無故交到一個跟你無關的男朋友或女朋友；這種的關係只會維持一兩天。但你們的關係已經有一段時日，而且會繼續下去直到盡頭，所以放鬆，別太緊張！

妳應該得到他，他也應該得到妳。一旦妳知道你們都是彼此應得的，就不會有任何嫌隙、抱怨、牢騷的問題。妳夠強壯，因為那個怪人還沒辦法傷妳一根寒毛。他已經做盡各種神經官能病患能做的事。但他不知道妳是一個精神異常的人，神經官能症跟精神異常症是好搭檔。他們是絕配。

有人問一位心理分析學家：「神經病跟精神病之間有什麼不同？」

他說：「精神病患者認為二加二等於五，無論你怎麼做都不會改變他的想法。他對他的觀點堅定且忠誠。而神經病患者知道二加二等於四，但他很不安——為什麼是四？」

完美的婚姻只會在天堂出現，但偶爾也會在這個地球上發生。妳和妳男朋友是絕配。所以，讓這可憐的傢伙回來，繼續用過去的方法互相打擊。妳很習慣且訓練有素。人們擔心的是一個新女友；誰知道她會做出什麼事——三更半夜抓狂嗎？也會擔心新的男友，妳無法預測他要如何證明他是什麼樣的男人。

你們很確定。這麼確定，妳應該放鬆心情讓他回來。我不認為會有什麼問題。你們兩個都很享受你們的不幸；每個人在他們悲慘的關係裡都非常享受！那就是為什麼分開五個星期之後妳感覺很好。如果分開太久，妳會開始想念他。

我給你們剛好足夠的時間讓妳享受妳的自由，讓他享受他的自由，然後在適當的時機，當你們開始想念彼此時，他就會回來。等待就好了！

況且他不是個危險人物；他不會傷害妳。他的心腸非常好，只是頭腦有一點脫線。但有個頭腦有點脫線的男朋友總比一個頭腦有點嚴謹的男朋友還好。我知道這不是普通的關係：你們兩個是特例。

• • • • •

靈魂伴侶或牢房伴侶

我們全都生活在小說、詩歌或電影的情節裡。這帶給人類一種錯誤的印象，以為愛就是凡事契合、愛就是沒有衝突。幾世紀以來的詩歌一直傳達這樣的觀念：情侶是為彼此而塑造的。

沒有人是為任何人而塑造的。每個人都不同於其他人。你或許愛一個人，卻不知道你愛他只是因為你們之間非常不一樣、非常有距離。距離是一種挑戰，一種冒險，距離使女人或男人感到值得去擁有。但透過距離呈現的面貌，與他們彼此接近之後的事實大為不同。

當你剛開始追求男人或女人的時候，一切都如此美好，一切都很合適，因為兩個人都想要凡事配合。任何不合適的事情都不會讓它浮現，把它壓抑在無意識裡。愛人們坐在海灘上看月亮，卻一點也不了解彼此。婚姻幾乎都是在蜜月期結束之前就結束了。

東方有些地方仍舊遵循著傳統的相親結婚，沒有蜜月這種事；他們不讓婚姻有機會太快結束。夫妻一直生活在一起卻從來不覺得不適合或錯過了什麼。他們完全沒有機會發覺。先生或太太不是自己選擇的；婚姻是他們兩個結婚的當事人以外的父母、占星師以及各式各樣的人所安排的。

甚至結婚之後，這對夫妻在白天也無法單獨看到彼此，只能在深夜中彼此深交。他們跟家人住在一起，那是個大家庭，只能輕聲細語；所以沒有爭吵的問題。丟衣服不管用；在這種傳統共同生活的社會裡，人們都不知道衣服可以拿來丟，盤子可以摔，什麼事情都可以爭辯，這算哪門子的戀愛呢？你說東，女人想的是西；她說什麼你都聽成別的。

現代的婚姻以戀愛為基礎，但似乎完全沒有溝通可言。它從蜜月期開始，那是你們第一次一天二十四小時在一起。你們無法假裝；你們必須現出原形。不能再演下去。當你們生活在一起時，必須對另一半顯露真實；你無法隱藏，不能有任何祕密。然而，我們從小就被灌輸一種觀念：夫妻之間總是和諧的，凡事配合，他們總是在一起，永遠愛對方，沒有爭吵。這樣的觀念就是問題所在。

我要告訴你實話。事實是，兩個人無論是誰，都是不同的個體。如果你愛某人，你必須了解你愛的這個人不是你的影子，不是你鏡子裡的反射，他有自己的個體性。除非你有一顆夠大的心容納一個跟你不一樣、對不同事情有不同想法的人，否則不應該製造沒有必要的麻煩。最好去當和尚或尼姑。何必麻煩呢？為什麼要為自己或對方製造地獄呢？

地獄被創造出來，是因為你期待天堂。

我對你的忠告是，承認事情就是如此：這個人一定與你不一樣。你不是主人，另一個人也不是主人；兩個人只是決定儘管完全不同也要在一起的伴侶。如果你找到一個剛好就像你的人，你們之間不會有太大的吸引力。兩個人必須有所不同、有所距離，才會有神祕感吸引你去探索。

兩個奧祕相遇，一旦他們放下凡事必須和對方一致的想法，就不會有任何爭吵的問題。會爭吵是因為你要對方同意你。

如果你們像朋友一樣生活在一起，她有她自己的想法，你有你自己的想法；她尊敬你的想法，你敬重她的想法；她有她的方式，你有你的方式，沒有人試圖利用或教導對方，那麼就沒有爭吵的問題，也不會有適不適合的問題。他們為什麼一定要適合？

為什麼要感到失落呢？沒有什麼好失落的；不過就是覺得想法不一致而已。和諧並不是什麼多好的事，它很無趣。偶爾，你們吵架，偶爾，你們真的動怒，也不表示愛消失了；這意味著，愛有能力吸收不同的意見、爭執，愛有能力克服一切阻礙。但過去的意識形態誤導了你的理解。

我想起一則古老的聖經故事，它很少被提起，因為很危險。首先，上帝創造出一個男人一個女人。就像你看到的這個世界一樣，上帝似乎不怎麼聰明。他們二人完全不適合；從一開始就看得出來。祂做了一個男人和一個女人，兩個人，卻給他們一張小床，不是雙人床。

光是第一個晚上，才剛開始，就已經大吵特吵，因為女人要睡床上，男人則認為他應該睡在床上而她應該睡在地板上。一整晚就這麼無休止的爭吵，彼此互打、丟東西，到了早上，這個男人對上帝說：「我是請求你給我一個伴侶，但我並沒有請求你給我一個敵人。如果你認為這就是一個伴侶，那麼我要告訴你，我寧願單獨一個人。我不要這個女人；我們兩人之間絕對不會有平靜的日子。」

這種事情最最簡單的解決辦法，就是去要一張雙人床。我不懂祂是什麼樣的上帝，也不懂這些白痴的要求。如果事情變得那麼糟，簡單的解決之道就是一張雙人床或兩張單人床。亞當不但沒這麼做，反而說：「我不要這個女人；她想要跟我平起平坐。」男性沙文主義在第一天晚上就出現了。

所以上帝拆了這個女人——當然，因為上帝也是一個男性沙文主義者。她的名字叫麗莉絲(Lilith)。祂就像拆卸任何機器一樣的拆了她。祂摧毀了這個女人，說：「我會做另一個比你低等，不會要求跟你平起平坐的女人。」於是上帝從亞當身上取出一根肋骨，做了第二個女人，她就是夏娃。上帝用亞當的肋骨做成這個女人，如此一來她就不能要求平等；她只不過是一根肋骨而已。

據說，每天晚上當亞當回家睡覺時，夏娃會數他的肋骨，因為她老是害怕如果他少了另一根肋骨，表示哪裡還有另一個女人。

除了友誼之外沒有更多的需要。愛必須像友情，沒有誰比較優越而由他決定事情，兩個人完全覺知到他們的不同，知道他們有不同的生命模式，不同的思考方式，在這所有的差異中他們仍然彼此相愛。

這麼一來就不會有任何問題。問題是我們製造出來的。

不要試圖製造超人。當凡人就好，接受對方是有一切人性弱點的凡人。你的伴侶和你一樣也會犯錯，你們必須學習。在一起生活是一個絕佳的學習機會，學習寬恕、學習不在意、學習了解對方跟你一樣是凡人。這一切只需要懷著一點寬恕的心。

有一則老諺語說：「人皆有錯，唯聖者能恕。」我不同意。人皆有錯，凡人亦能恕。唯聖者能恕？——那麼你就太抬舉自己了，太超越凡人的界線。把它帶回凡人可及的範圍，學習寬恕。學習享受寬恕，學習道歉。當你能夠對你的伴侶說：「對不起，我錯了。」你不會有任何損失。

但沒有人願意說：「我錯了。」你想要永遠都是對的。男人試圖用爭辯證明他是對的，女人試圖用情緒證明她是對的：大喊大叫、哭泣、流淚、啜泣。通常都是她贏！男人怕鄰居聽到，為了緩和她的情緒——因為孩子們可能會醒過來——他說：「冷靜一下，或許妳是對的。」但他其實還是相信自己是對的。

做一個有了解的人，了解意味著你能理解你可能有錯，這個女人可能是對的。並不是因為身為男人就表示你有權力或權威認為你是對的；女人也一樣。如果我們更有人性一點，更友善一點，可以跟對方說：「對不起。」況且，你們是為什麼事情而爭吵呢？芝麻綠豆小事，如果有人問你，你們為何爭吵，你會感到不好意思。

丟掉凡事應該契合的想法，丟掉要完全和諧的想法，因為那些都不是正確的想法。如果一切契合，彼此會感到無聊；如果凡事和諧，你會失去關係中的活力。不和是好的。總是有缺口會讓你想去探索、跨越、彌補，這是好事。如果我們接受彼此的差異、接受每個個體基本的獨特性，讓愛不是奴役而是一種友誼，整個生命會成為你們之間最棒的探索。

嘗試友誼，嘗試友情；隨時記住，沒有任何事情會使你心神不寧。當你看見一位美女而受到吸引，你也要了解你太太看見俊男一定也會受到吸引。如果你能夠理解，你們兩個人會愉快的討論：這個女人好美，那個男人真帥。

但目前的情況是，你在好幾里之外就能夠分辨出這一對伴侶是已經結婚還是未婚。

如果是已經結婚的夫妻，先生走路時會小心翼翼；他不會到處看，好像他的脖子有什麼問題。而太太會觀察他在看哪裡、看什麼。注意每一件事情。這樣很可怕。

我在一次去喀什米爾旅行的途中，有一位美女坐在我的包廂裡。她先生每一站都會帶冰淇淋、香蕉、蘋果來找她。喀什米爾的水果真的很新鮮。

我問這個女人：「你們結婚多久了？」

她說：「七年。」

我說：「不要騙我。」

她說：「什麼意思？我為什麼要騙你？」

我說：「這個男人每一站都帶一些東西給妳。所以我很清楚，他不是你的先生。」

她說：「你怎麼知道的？」

我說：「如果他是妳的先生，特別是你們結婚七年了，那麼他一旦讓妳坐進這個包廂之後，只會在最後一站——如果妳夠幸運的話——過來叫妳而已，旅程的其他時間他會消失不見人影。他為什麼要每一站都送這些東西給妳？」

她說：「真怪，不過你說對了。他不是我先生；他是我先生的朋友，但是他愛我。

你剛才說到關於丈夫的事一點都沒錯。這就是我跟他之間的情況。我們在一起生活，卻感覺非常疏離；我正在考慮跟他離婚。」

我說：「不要這麼做。繼續跟妳先生在一起，然後繼續愛這個男人，也不要讓這個男人跟他太太離婚。她可能早就在留意別人了，所以不要擔心。存在會照顧一切。但如果妳跟妳先生離婚，然後跟這個男人結婚，妳不會再有冰淇淋、水果以及全部的注意力與愛；所有的一切將會消失。」

如果你們只是朋友關係，不要讓妳的友情變成合法夫妻，事情會更好，因為這麼一來，你就不是任何人的負擔、不是奴隸。沒有彼此合不合適的問題。你們可以擁有你們的個體性，彼此完全自由，而且仍然在愛中。

真的，在全然不同的個體性中，讓你們創造出愛的最佳可能性。

問題

每當我愛上一個男人，那段期間裡就不再被其他的男人吸引。但是這個男人不同。雖然他跟我在一起的時候很快樂、滿足，也想繼續跟我維持關係，但是，每幾個月他就會有個短暫戀情。我了解男人與女人之間不同的天性。我也了解每一段愛情關係有高峰也有低谷。但我依然感到難過。我給這個男人一條夠長的繩子。我的朋友說我讓自己太容易被利用，我讓男人視我為理所當然，我失去我的自尊。我覺得很困惑。我不期待從他那裡得到什麼。可否請你評論？

這個問題有很多重點。首先，妳對男人的天性有誤解。妳和許多人一樣以為男人應該一夫多妻，而女人是一夫一妻，妳以為女人只想跟一個男人生活，只愛一個男人，將自己完全奉獻給一個男人，但男人本性是不同的？他也想要愛別的女人，至少偶爾會這樣想。

但事實是，男女雙方都是一夫多妻或一妻多夫傾向的。幾千年來，女人已經被男人制約，認為她應該守住一夫一妻的模式。男人非常狡猾，他用很多方式剝削女人。其中一個方式就是不斷告訴女人，男人的天性是一夫多妻的。所有的心理學家和社會學家都同意男人是一夫多妻的事實，可是沒有一個人說女人也是如此。

我自己的了解是：兩者都是一夫多妻或一妻多夫傾向。如果女人沒有一妻多夫的行為，那是被教出來的，而不是她的天性。她已經完全被制約得太久，這個制約滲入她的血液，滲入她的骨頭，滲入她的骨髓。幾世紀以來，女人經濟上必須依賴男人，男人切斷了她的翅膀，他限制她的自由，暗中破壞她獨立的能力。他將她的責任扛在他的肩上，以展現他偉大的愛：「妳不需要擔心，我會照顧妳。」然而，利用愛的名義，他拿走了女人的自由。有好幾世紀，女人不允許接受教育，不允許她在工藝或技能上取得任何資格；她在經濟上必須依賴男人。他甚至剝奪她行動的自由；她不能像男人一樣自由行動；她被限制在家裡。這個家幾乎就是她的牢房。

尤其在過去，女人總是在懷孕，因為十個孩子裡通常有九個會夭折。為了想要有兩三個孩子，女人必須在她能夠生育的期間不斷懷孕。一個懷孕的女人在經濟上會更依賴男人，男人成了她的管理人。男人是有知識的，女人什麼都不知道。她維持無知的狀態，因為知識是力量；那就是為什麼女人被剝奪求知的權力。因為一直以來都是男人的世界，他們全都同意繼續奴役女人。

她一直被告知說他的天性是一夫多妻。居然沒有任何一位心理分析學家、也沒有任何一位女性社會學者反駁：如果男人是一夫多妻，為什麼女人必須是一夫一妻呢？男人創造出妓女為他的一夫多妻制開一條路。這在過去是一個被接受的事實；沒有太太反對她的先生偶爾去找妓女，它被認為是男人的天性。

我要告訴你，兩者都是一夫多妻或一妻多夫。整個存在是一夫多妻或一妻多夫，一定得如此——一夫一妻制很無聊。再怎麼美的女人，再怎麼帥的男人你都會厭倦——相同的長相、相同的身材。你得看著同一張臉多久？所以過了幾年之後，先生再也沒有一個片刻會專心一意的看著他太太。

在新的世界裡，不應該有婚姻，只有愛人。只要他們喜歡在一起，就在一起，當他們覺得在一起太久了，做一點改變，那也很好。沒有難過的問題、沒有憤怒的問題，而是衷心接受人的本性。如果你愛過這個男人或女人，你將會盡可能給予對方自由。

如果愛無法給予自由，那麼它就不是愛。

妳說：「但我依然感到難過。我給這個男人一條夠長的繩子。」現在，這個想法大錯特錯。妳的男人是狗，所以妳用一條長繩子綁住他嗎？妳無法給予別人自由，自由是每一個人與生俱來的權利，不是經由你的給予。這種「我給他一條夠長的繩子」的想法——繩子還是在妳手上！妳是自由的給予者的想法是錯誤的。

妳不能給予別人自由；妳只能接受對方的自由。妳不能抓著繩子的另一端看著這隻狗到處灑尿。妳以為這是自由嗎？不，一開始的想法就錯了。別人有他的自由；妳有妳的自由。他不需要手握繩子的一端，妳也不需要；否則兩個人都會被彼此鏈住。他的繩子變成妳的枷鎖，妳的繩子變成他的束縛。妳認為妳給的繩子「夠長」，妳以為妳很慷慨！

自由不是某種可以給予對方的東西。自由是某種你必須明白那是對方與生俱來的權利。

一個妳所愛的人，他的自由不會傷害妳。妳受傷是因為妳不會使用自己的自由。並不是他的自由傷害了妳；造成傷害的是幾世紀以來錯誤的制約讓妳無能為力——妳不會使用妳的自由。男人拿走了妳全部的自由，這才是真正的問題。妳必須重新取回妳的自由，它不會傷害妳；事實上妳將會享受它。

自由是如此喜悅的經驗。妳的愛人享受自由，妳也享受自由；你們在自由中相遇，在自由中分開。也或許生命會帶領你們再度重逢。

當妳的男人對別的女人感興趣時，不表示他不再愛妳；它只是意味著換個口味而已。妳偶爾喜歡去披薩店，並不表示妳放棄常吃的食物，偶爾換一下口味也是很棒的。事實上，去過披薩店之後再回到你自己的餐桌，一切會更有新意。妳需要幾天的時間消化這個經驗，然後某天你又會想要吃披薩了。這種戀情不算什麼。一個人不能只靠披薩過活。

彼此相愛的伴侶應該偶爾要有一些浪漫戀情。那些戀情會更新他們的關係，使他們的關係更有新鮮感。你會再度發現你太太的美好。你或許開始幻想，想要再度擁有你的太太。你會了解之前你誤解她了；這一次你不會再誤解。對妳的先生也是如此。

在我的想法中，愛的社區裡，人們絕對有自由對他們的伴侶說：「我想要放兩天假，你也可以自由；你不需要無聊地坐在家裡。」如果你想靜心，那是另一回事；否則你已經垂涎鄰居的太太很久了。籬笆外翠綠的青草，你很久以來就想去探查，現在你太太給你一個機會！你應該說：「妳太棒了！儘管放妳的假，好好享受一下。我要去鄰居家，那裡的草比較綠。」不過兩天之後，你將會發現草就是草，還是自己家的草坪最好。

兩天之後，當你們再度見面，將會是新蜜月的開始。為什麼不每個月都度一次蜜月呢？為什麼要滿足於一生只度一次蜜月呢？那樣很奇怪，而且絕對不自然。況且愛不是什麼不好或罪惡的事情，讓你必須防止你太太愛上別人。那只是好玩；沒什麼好擔心的。如果她想跟別人打網球，讓她去打！我不認為做愛比打網球有更重大的意義。事實上，打網球乾淨多了。

妳說：「我不期待從他那裡得到什麼。」妳的不期待中依然隱藏著期待。它們更微妙、更令人束縛。簡單的說，人必須接受一個單純的事實：妳的伴侶是一個陌生人；你們只是碰巧在一起，妳絕對不要對陌生人有所期待。

盡妳可能的去愛。永遠不要去想下一個片刻；如果妳的愛人去了別的地方，妳也自由了。不要欺騙妳自己；有哪個女人敢說當她愛上一個人的時候，不會被其他人所吸引？那個欲望有可能只是被壓抑住而已，或許她從來都不允許這個欲望浮現；但不可能沒有，因為周圍有這麼多出色的人。妳只不過是從眾多陌生人中挑選了一個陌生人而已。

讓自由的價值高於愛本身。如果可能的話——它是可能的，因為它是自然的天性——你的生命將不再是一個痛苦。它將是一連串的興奮，一個對新人類持續的探索。我們都是陌生人：沒有人是先生，沒有人是太太。不能讓那些白痴註冊員把自己的印章蓋在紙上，這樣就認定你們是夫妻。一旦蓋了章，如果你們想要分開，還得去找另一個白痴——更高階的白痴——等上幾個月或幾年才能分得開。真是奇怪！這是你們的家務事，不關戶政註冊員的事，也不關法官的事。為什麼妳老是把自己的自由交在別人手上呢？

妳說：「我的朋友說我讓自己太容易被利用，我讓男人視我為理所當然，我失去我的自尊。」妳的朋友不了解一件事，他們不是妳的朋友，他們的忠告是敵人才會對妳說的話。

妳的朋友建議妳，妳男朋友要和妳做愛時，妳得說，妳頭痛；隔天說，太累了；第三天，妳沒心情。然後妳的朋友又告訴妳，不要給太長的繩子——一小段繩子就好了，然後在他脖子上掛個刻著妳名字的美麗鈴鐺說：「小心，私人財物。」這是在扼殺你們之間的愛。人們應該讓自己更有彈性。妳應該對妳所愛的人敞開，如果偶爾他想要做點改變，想去享受，讓他開心的去。那才會帶給妳自尊與尊嚴。

有一名離婚婦女，對婚姻感到相當挫敗，她在當地報紙刊登一則廣告：「誠徵一名男子，他必須不會打我、不會拈花惹草，而且他還要是個很棒的愛人。」

一星期之後，她的門鈴響了。她打開門，一個人都沒看到。於是她關上門，正準備走開時，門鈴又響了。

她再度打開門，還是沒看到人，可是當她往下看，看到一個缺手缺腳的男人坐在門前的台階上。

「我是看了妳的廣告來應徵的。」他說。

這個女人不知道該如何是好，也不知道要說什麼。

所以這個男人繼續說：「妳看得出來我不會打妳，也不可能拈花惹草。」

「是的，我看得出來。」女人說：「但是廣告上也說我要一個『很棒的愛人』。」

這個男人微笑著說：「我按了門鈴，不是嗎？」

問題

雖然我習慣的食物讓我深感滿足，也讓我得到滋養，但有時候我還是會對其他的食物有一股強烈的欲望；想享受義大利菜、法國紅酒或日本壽司。並不是我不想偶爾變換口味，而是無論我這麼做與否，我想要感覺自己可以掌握它，而不是成為賀爾蒙的受害者。可否請你給我一個提示，如何能不受到這些生理欲望的影響？

一個人如果能夠允許自己的本性不受到任何壓抑，讓它依照自己的方式發展，這個人就能毫不費力的超越生物本能的影響。但我們處處受壓抑。甚至連那些自認為已經不受壓抑的年輕人，也以一種非常微妙的方式壓抑自己。如果你壓抑，就無法超越自然的生物本能。所以，首先要記住的是：自然本性就是對的。

所有老舊的傳統思想都告訴你自然本性是不對的。你必須把它分成對和錯。但是自然本性無法被分割。所以當你分割它，你是在做不可能的事。自然本性的一切都必須被欣然接受。生物本能不是你的束縛，它是成長的特定階段。

生命會帶著洞見與領悟力，不要求你遵守任何紀律地幫助你超越它自己。我們都是大自然的孩子。但所有的宗教都創造出一樣的東西：一顆分裂的頭腦，一個被拉向兩個不同方向的精神分裂的人。他們全都在教你道德倫理。

順應天性自然的人不需要道德倫理。容易就是對的。出於自然、自發性的就是對的，如此超越就會自然發生。那些自我分裂、對抗自己的人——他們認為生物本能是某種必須被超越的事情，他們主張要跟自己的身體抗爭——任何人只要捲入這些衝突裡，都將永遠無法超越。

一個人應該要更自在輕鬆一點。生命不是一個戰場，你的生命是一個自發性的成長。你首先需要的是全然的接受，你的頭腦中沒有勉強、沒有不情願、沒有暗自譴責。

你說：「我習慣的食物讓我深感滿足，也讓我得到滋養。」你說你深感滿足，但你不了解深感滿足的微妙之處。它會變成一種死亡。一個人要有活力需要一點不滿足，一點焦躁不安。如果你深感滿足，將會在這種過度滿足之中，讓你偶爾產生對別的食物的欲望。

人類是進化的動物。深感滿足將會為你的生命帶來句點。你的伴侶有個體性，優雅富有愛心，所以跟她在一起很容易感到滿足；她不是那種喜歡吵架、好爭辯的人。她自己很自在，任何愛上她的人會發現自己很快也能放鬆，自在且和諧。但是和諧一方面很美好，另一方面卻又很無聊。

你或許從來沒有想過滿足是一種死亡。它意味著你準備每天都重複同樣的事，你忘了要改變，要進化。

「但有時候我還是會對其他的食物有一股強烈的欲望；想享受義大利菜、法國紅酒或日本壽司。」這絕對是自然的。問題會發生是因為你的制約；當你跟一個女人在一起感到完全滿足時，為什麼你居然還想要別的？為什麼內心還有欲望想要別人？那是因為你太滿足了。非常的滿足讓你失去活力；毫無新意、不再興奮、沒有「不」，總是「是」。一方面它非常甜美；另一方面它又太膩了。

因此，偶爾會出現想和別的女人發生戀情的欲望，這絕對是自然的。如果你的伴侶是個愛爭吵、嘮叨、潑婦型的人，你就不太會產生這種欲望，因為她絕對不會讓你太滿足。她總是會讓你不滿足；對你而言她永遠是個陌生人，還需要探索。我知道她。她一直對你敞開，一直對你保持敞開的態度；她對你沒有任何祕密。那不是她的錯，那是她的美。但即使是最美麗的玫瑰也有刺，即使最滿意的狀況也有它們的麻煩。

因為你太滿足，你開始想要換換口味：義大利披薩、法國紅酒或日本壽司。沒有什麼不對。整個老舊的制約都反對我跟你說的這些事情，但如果你有領悟力，你會知道其中的要點。

接受它，但不要隱瞞你的伴侶。不要讓她難過。不要讓她覺得她對你還不夠好。對她說：「妳讓我太滿足了，但我的頭腦想要改變一下氣氛，需要一些興奮好讓我感到我還是活生生的。」同時要記住，任何你容許你自己做的事情，也要容許她。不可以只是單一方；不是只有你能去披薩店或中國餐館；你也要允許她去。不只允許。女人受到男人過度壓抑，你必須從她的制約中拉她一把。你必須偶爾幫助她行動，進入新的牧草地。如果你能夠這麼做，你不但接受了自己的自然本性，同時也幫助她找到她的自然本性。

身為男人，你會覺得有罪惡感，因為是男人迫使女人接受一夫一妻的觀念。事實上，她應該比你更需要去找其他人。關於男人女人一項最令人震驚的研究是，男人只能有一次高潮，而女人卻可以有多次高潮。原因很簡單：因為男人在高潮中失去能量，他需要時間復原——這依他的年齡而定——然後他才能有另一次性高潮。但女人並沒有失去能量。相反的，她第一次高潮給她一個很深的刺激，然後引發更多的高潮，她一個晚上起碼能有好幾次的高潮。

因為這個事實，男人變得很害怕，他不讓女人知道任何女人有性高潮存在的事實。

所以他做愛的時候，速戰速決。女人需要比較長的時間：男人的性是局部的，局限在他的生殖器，而女人的性欲散布在她全身。如果男人要讓女人達到高潮，他要在前戲的時候挑逗她的全身，她整個身體的能量就會開始悸動開來。

一旦她有過一次高潮，她就嚐到那個滋味，她就知道她可以有更深的高潮。但是男人第一次高潮之後就無力了，起碼要幾個鐘頭才能恢復。他什麼事也不能做，只能轉身倒頭大睡。可憐的男孩已經結束了。每個女人卻都在哭泣、流淚，因為她還沒有高潮，她的愛人就已經了事了！

為了防止女人知道有高潮這回事——幾世紀以來女人甚至不被允許知道高潮的美妙與歡愉——男人也不讓自己達到高潮。一切他所知道的就只是射精；射精不是高潮。射精只是把能量丟出去：覺得更放鬆，能量的張力消失了，鼾聲更大了。

女人只有在最近的這一個世紀才開始發覺高潮的存在，在比較傳統的東方國家，仍然有百分之九十八的女人不知道做愛會有什麼事情發生。她覺得無趣，事實上她痛恨整個過程。她需要的不是射精，那是男人的需要；兩個人都沒有享受到性以及它最終的高潮經驗。

麻煩的是，該怎麼辦呢？這一切看起來很傷風敗俗。要嘛你得邀請你所有的朋友，五、六個朋友跟這個女人做愛，一個接一個，那麼她就會很滿足。但那看起來會讓自我很受傷。或者你得給她一根電動按摩棒。但她一旦有了電動按摩棒，你就沒用了，因為按摩棒會帶給她前所未有的高潮，那是你無法提供的。

看來大自然本身就有一點瑕疵：男人與女人的高潮能力並不平等。當你高潮的時候，你有想過你鍾愛的人曾經享受過一次高潮嗎？她一次高潮也沒有，所以她能夠保持一夫一妻，對你始終如一。如果她有高潮的經驗，她偶爾也會想要跟別的男人在一起。

如果你真的愛你的女人，你會幫助她脫離那些影響深遠的舊有制約，因為男人對這件事是有責任的。男人自己沒有那些制約；他的道德觀是表面而且虛偽的。但女人的道德觀念已經太深了。男人從她小時候就強迫她接受這些觀念，所以這是你們的責任；特別是像你這麼聰明的男人，應該能夠了解我說的話。你有責任把她帶進陽光裡，帶進雨裡，帶進風裡，好讓她丟掉全部的制約。你必須幫助她；你必須幫助她如何享受披薩，而不是一輩子只吃印度菜。如果男女真的彼此相愛，他們會幫助彼此解除過去的制約。

男人沒有太多制約，那些都只是表面的。他很輕易就能丟掉那些制約，就像丟掉你的衣服一樣。而女人被過度制約，已經不是像丟掉衣服那麼容易，而是像剝一層皮一樣。這很難，除非你真的愛這個女人，否則你也幫不上什麼忙。她靠自己很難擺脫所有的制約，所以去幫助她。讓她也嚐嚐世界上許多其他的食物，還有許多比你美好的男人。你的女人應該全都認識他們。你的愛就是讓你的女人的經驗越來越豐富。當她越豐富，她不只會讓你感到滿足，同時也會開始帶給你興奮與狂喜。

你說：「並不是我不想偶爾變換口味，而是無論我這麼做與否，我想要感覺自己可以掌握它……」它掌握在你手中，不過只有在你的伴侶也能夠掌握時，你才能夠掌握它。對我而言，兩個人的機會必須平等。並非你是主人，你的女人是你的奴隸；她可以跟你在一起就很滿足，而你偶爾可以出去跟鄰居搞外遇。她應該也同樣有充足的權利跟鄰居搞外遇！而且不需要有罪惡感；你必須讓她沒有罪惡感。

女人的解放也會是男人的解放；他們的奴役是互相的。你不允許你的女人自由，她怎麼能夠允許你自由呢？自由是兩個人都被愛、被認可、被尊敬，是雙方都能擁有的珍貴價值。

你說：「……而不是成為賀爾蒙的受害者。」如果你想要超越賀爾蒙以及生物本能，全然活出它來，耗盡它。

我自己的了解是，你到十四歲的時候，你的賀爾蒙開始運作，如果你完全讓它自由，如果你愉快的順隨它，到了四十二歲，賀爾蒙會想要休息。這個時候，你很自然地就能夠超越它；而不是被迫禁欲獨身。它將會是來自彼岸神性的獨身，因為你已經全然活出你的生命，你不再對平凡的生活感興趣了。你感興趣的是生命、真理或創造力；更高的價值或更深的探索。你已經過了幼稚的年紀。對我而言，一個四十二歲的男人應該是個真正的成人，但唯有他是順著自然本性生活才有可能。如果是個半吊子，就需要花更長的時間，可能四十九歲，也有可能七十五歲。可能甚至快死了，滿腦子除了性之外沒別的了；他從來不曾超越它。

你們兩個都是有悟性的人，你們能夠清晰的看事情。全然地愛對方，同時，偶爾讓對方自由。不過必須雙方都如此。這不會破壞你們的愛；愛會更豐富、更有深度、更實在、更有高潮。那麼當你們偶爾幾次彼此都去度假，也不會因此分離；反而可以使你們更靠近彼此。不要有任何祕密，完全敞開，也允許對方完全敞開，尊重這份敞開。絕對不要讓對方有罪惡感，甚至在動作表情上也不要讓對方覺得有罪惡感。那是人類犯下的最大罪行：讓別人有罪惡感。如果對方因為根深柢固的觀念而感到有罪惡感，幫助她免於這個罪惡感。

活在自由氣氛下的愛，會很自然、容易、毫不費力地超越性。愛依然存在，性會消失，然後愛會有它自己的純潔、美麗與神性。

在紐約的公車上，一位一本正經的老太太無意間聽到一個義大利佬對另一個人說：「Emma先上，然後我上。兩個白痴一起上。我再上。兩個白痴再上。我再上一次。尿尿兩次，最後我再上一次。」當這個義大利佬說完之後，滿臉通紅的老太太轉向坐在旁邊的警察說：「你不逮捕這個可惡的老傢伙嗎？」

「為什麼？」警察問：「只因為他在拼Mississippi（密西西比）這個字嗎？」

（譯註：義大利人發M的音聽起來像Emma，發S聽起來像ass（白痴）。這個義大利佬的意思是：第一個字母是M，然後是i，接下來兩個s（ass），再一個i，再兩個s，再一個i，兩個p（pee pee），最後是一個i。）

讓生命更快樂，更有趣。讓你的一生成為一個美麗的笑話。自然本性沒有錯，成為自然的即是神聖的。

你們兩個都是聰明的人，我希望你們能夠去證明我的假設，彼此相愛，同時偶爾嘗試一下不同的戀情——愉快的，不勉強的。不是因為我這麼說而做，而是出於你們自己的了解。

問題 我似乎還不能超越生物本能，超越你所說的對「性欲」的吸引，進而成長進入你談論的那種愛。它要如何才能發生呢？我該從哪裡開始呢？

性是一個很微妙、要小心處理的話題，幾個世紀以來的剝削、訛誤，幾個世紀以來曲解的觀念與制約，全都和「性」這個字有關。這個字的負荷太重，它是存在中最沉重的字之一。如果你說「上帝」，聽起來很空洞，如果你說「性」，似乎又太沉重。頭腦會冒出一千零一種東西：恐懼、曲解、吸引力、強烈的渴望、強烈的反欲望……。它們統統會一起冒出來。「性」這個字，製造出困惑與混亂。就像是在一個寧靜的池塘裡丟一顆石頭，激起無數的漣漪！人類一直活在對性的錯誤觀念的影響之下。

所以，第一件要想的是：你為什麼會問該如何超越你的性欲？為什麼你想要超越你的性欲？你用了一個美麗的名詞「超越」，但你有百分之九十九的可能是想問：「如何壓抑我的性欲？」

一個了解性是可以被超越的人，根本不會去擔心如何超越性，因為超越要透過經驗。你無法控制它。它也不是某種你必須去做的事。你就是去經歷它，許多的經驗累積下來，這些經驗會使你越來越成熟。

你曾觀察過你在某個年紀時，性變得很重要嗎？並不是你讓它變得重要，它不是某種你能夠讓它發生的事情；它會自己發生。在十四歲左右的時候，突然間你的能量充滿了性。就像你內在的水閘乍開，你整個能量全都變成性、帶著性的色彩。你想的是性，唱的是性，走路也是性——全部都是性。你的一舉一動都帶著性的色彩。它自然發生，你沒有對它做任何事情。它是自然發生的。那麼超越也會自然發生。如果性沒有受到譴責、沒有被壓抑，它全然的被經歷過，那麼到了四十二歲時——就像性欲之門在十四歲時大開，整個能量都變成性欲一樣——到了四十二歲時，這個水閘會開始關閉，它會自然地消失。

性欲不是你努力就能超越的。你做的任何努力都是壓抑，因為這件事跟你無關。它是內建在你身體裡面、生物本能的一個機制。你生來就擁有性能量；這沒什麼不對。這是生命誕生唯一的方式。人類天生就是有性欲的。當你被孕育出來的那一刻，你的父母並不是在禱告，也不是在聽牧師講道。他們不在教堂裡，而是在做愛。但是，甚至光想像你被孕育的時刻，你的父母正在做愛這件事都變得很困難。我知道，但他們就是在做愛；他們的性能量相會融入彼此合而為一，然後你被孕育出來；你是在那麼深入的性行為中被孕育出生的。第一個細胞是性細胞，其他細胞的產生都是從這個細胞來的。所以基本上，你的每個細胞都擁有性能量，你的整個身體都是性能量，你是由性細胞組成的。

記住：你因為性而存在。一旦你接受它，幾千年來發生的衝突就會開始溶解。一旦你真的接受它，對它沒有任何成見，當性可以被視為單純的自然之道時，你就會活出它的能量。你不會問如何超越吃，也不會問如何超越呼吸。這是一樣的；你會問：「如何超越呼吸」嗎？你並沒有這樣問，你就是在呼吸！你是會呼吸的動物。你也是有性欲的動物。但是這中間有一點不同。你剛開始的十四年生活幾乎是無性狀態，有的話頂多是不成熟的性遊戲，那不是真正的性——只是在準備或排練階段而已。到了十四歲的時候，這個能量成熟了。

注意看：嬰兒出生時的幾秒鐘之內就必須呼吸，否則他將會死。然後呼吸將持續一輩子，因為那是生命的第一步。它無法被超越。你只可能在死前的幾秒鐘停止呼吸，但在那之前，你都會一直不斷的呼吸。

請隨時記住這件事：它是生命的兩端，開始與結束兩者是對稱的。嬰兒一出生，幾秒鐘之內他會開始呼吸。當這個人年老快要死亡時，一旦他停止呼吸，幾秒鐘之內就會死亡。

相較來說，性是在後期才發生：十四歲以前，孩子的生活中並沒有性。如果社會沒有過度壓抑性或過度迷戀性，一個孩子可以活在對性完全不以為意的生活裡。孩子可以保持絕對的天真。那是現代人不可能擁有的天真，因為人們過於壓抑。當有壓抑產生，迷戀也會跟著發生。有一邊是不斷譴責性的神職人員，一邊就會出現像休斯·海夫納（Hugh Hefner，《花花公子》〔*Playboy*〕的創辦人）這樣，不斷撩撥人心性欲、反對神職人員的人。神職人員與休斯·海夫納就像是一枚銅板的兩面，是同時存在的。唯有當教堂消失的時候，《花花公子》雜誌才會消失，否則不可能。他們是同一個企業的夥伴！他們看似是敵人，但別被他們騙了。他們在言語上爭鋒相對，但這就是他們做生意的方式。

我聽說，有兩個人經商失敗破產了，所以他們決定做一個新鮮又簡單的生意。他們開始從一個城市旅行到另一個城市。第一個人先進了城，到了半夜，他把柏油丟在人家的門窗上。二、三天之後，第二個人再進入同一個城市，宣傳他可以清理各種門窗的髒污，連柏油也能清理掉，結果全鎮的人都雇請他。在這段期間，另一個人就到下一個城鎮再次從事他把柏油丟到人家門窗上的事⋯⋯。他們用這種方法賺了一大筆錢。

這就是教堂以及這些創造色情書刊的人所做的事。

我聽過一則趣事：

可愛的姬南小姐坐在懺悔室裡。

「神父，」她說：「我要告解，因為我讓我的男朋友吻我。」

「他只有這麼做嗎？」神父非常感興趣的問。

「喔，不只。我還讓他把手放在我大腿上。」

「然後呢？」

「然後我讓他脫下我的內褲。」

「然後呢，然後怎樣……？」神父興奮的喘氣問著。

「然後，我媽媽就走進房間了。」

「可惡。」神父嘆了一口氣說。

他們是同一個陰謀的共犯。你過度壓抑的時候，就會開始找一個變態的興趣。變態的興趣才是問題，性不是問題。你看，這個神父如此緊張。性不是問題，但這個男人卻陷入困境。

瑪格麗特．艾莉絲修女和法蘭西斯．凱薩琳修女外出，她們沿著一條人行道走。突然她們被兩個男人拖進暗巷裡強暴。

「天父，請原諒他們吧！」瑪格麗特．艾莉絲修女說：「他們並不知道他們在做什麼。」

「閉嘴！」凱薩琳修女哭著說：「這傢伙知道。」

一定會如此。所以你的頭腦裡絕對不要有任何反對性的想法，否則你永遠無法超越它而進入愛。唯一能夠超越「被生物本能吸引」的人是那些能夠自然接受性的人。這很困難，我知道，因為你出生在一個對性很敏感的社會裡；不是譴責它就是迷戀它，老是對它想入非非。很難從這種神經病的世界跳脫出來，但如果你有一點點警覺，你就能夠從那裡面跳脫出來。

所以重點不在如何超越性，而是如何超越這個社會的變態意識——對性的恐懼、性的壓抑以及對性的迷戀。

性是美妙的。性本身是自然的、有韻律的現象，它發生在受精卵準備好著床的時候，它的發生是好的；否則生命將不存在。生命因為性而存在；性是它的媒介。如果你了解生命，如果你熱愛生命，你會知道性是神聖的，性是聖潔的。你活在性裡面，你因為在性裡面而感到快樂；就像它自然地出現一樣，它也會按照自己的步調離開。到了四十二歲左右，你對性的興趣開始消失，就像它剛形成的時候進入身體一樣那般自然地消失。

然而，它並沒有以這樣的方式發生。當我說四十二歲，你會很驚訝。你認識那些七、八十歲的人，他們並沒有超越對性的迷戀。你認識那些「老不修」。他們是社會的受害者，因為他們無法自然發展。那是後遺症，因為當他們在應該要享受性的年紀時卻被壓抑了。他們在應該以性為樂的時刻，並沒有全然在其中。他們沒有性高潮，只是不冷不熱的半吊子。

任何事情，只要你是半吊子，都會讓那個情況延遲更久。如果你坐在餐桌前心不在焉地吃東西，你還是會覺得餓，還是會一整天都想著食物！你可以試著斷食，但是你會發現，你將會一直不斷想著食物。如果你好好的吃，我的意思不是要你只填飽你的胃，但好好的吃是一種藝術。它不只是填飽肚子，它是一項偉大的藝術——品嚐食物、聞聞它、摸摸它、咀嚼它、消化它，像在敬神一樣的消化它。它是神聖的；它是天賜的禮物。

印度人說：Anam Brahma。食物是神聖的，食物是上帝的禮物。你吃的時候懷著崇敬的心去吃，你吃的時候忘掉一切其他的事，因為吃是一種祈禱。它是存在性的祈禱。

你正在吃神性，而神性也正在給你滋養。這是一份必須懷著深愛與感激去接受的禮物。

你不是在填飽你的身體，填飽肚子是對身體的敵意。那是另一個極端。有些人愛好斷食，有些人愛好用食物填塞他們自己。兩者都不對，這兩種方式都會讓身體失去平衡。一個真正愛惜身體的人，會吃得恰到好處，讓身體感覺完全均衡、沉穩；讓身體覺得不偏不倚，符合中庸之道。這是了解身體語言的藝術；了解胃的語言，了解它需要什麼，只給予它需要的食物，以一種藝術、美學的方式給予。

動物吃，人也吃——這兩者有什麼分別呢？只有人類能讓吃變成一種、美學的經驗。為什麼要有一張精美的餐桌？為什麼要點蠟燭？為什麼要焚香？為什麼要邀朋友一起共餐？為的是要讓它成為一種藝術，而不只是填飽肚子。不過，這些都只是這個藝術表面看得見的排場。內在的含意是去了解身體的語言：傾聽它、對它的需要夠敏銳。如此一來，當你吃完之後，一整天都不會再想著食物。只有在身體又餓了才會想吃。這就是自然之道。

性也一樣。如果你對它沒有「敵意」，就能夠把它看成自然之道、看成神聖的禮物。深深地感謝自己能夠享受其中；以虔誠的心去享受它。

譚崔說，你在和男人或女人做愛之前，必須要先祈禱，因為它是能量神聖的交會。神性的芬芳會圍繞著你們。當兩個相愛的人在一起就會有神性的芬芳，只要有兩個愛的能量相會交融的地方，就會有生命、有活力——神聖的能量圍繞著你們。教堂裡空洞無趣，而愛的閨房卻充滿神性。如果你品嚐過譚崔所教導的那種愛的方式，如果你懂得道家熟悉的那種愛的途徑，到了四十二歲左右，性會自然消失。於是你帶著深深的感謝向它道別，因為你被滿足了。它曾經如此愉悅，它曾經是個祝福；現在，你可以向它道別了。

四十二歲正好是適合靜心的年紀。性欲消失了，一直洋溢的能量消失了。你變得更穩定。熱情走了，慈悲發生了。你現在不再激情，對「另一個人」也不太感興趣。因為性欲消失，另一個人就不再是焦點了。你開始回歸自己的源頭；回家的旅程開啟了。

性欲不是你努力就能超越的。如果你全然活出它它就會發生。所以，我的建議是，放棄一切譴責、一切否定生命的態度，接受這個事實：接受性的存在。就這樣，你憑什麼否定它呢？況且，是誰在否定它，是誰想超越它呢？就是自我。

記住，性為自我帶來很大的麻煩。有兩種類型的人：自我中心的人總是反對性，謙虛的人從來不會反對性。但是有誰會聽謙虛的人說話呢？事實上，謙虛的人不會到處講道，只有自我中心的人才會。

為什麼性與自我之間會有衝突？因為性是生命中讓你無法自負、自我的東西，在性裡面，對方比你重要。你的女人、你的男人比你重要。在其他的情況下，你最重要。在愛的關係中，對方變得非常重要。你變成一顆衛星，對方是核心；對方的情況也一樣，你變成核心，他或她變成衛星。你們互相臣服，兩個人都臣服在愛神之中，兩個人都變得謙虛。

性是唯一能暗示你，有某些能量是你無法掌控的。你可以掌控金錢、政治、商場、知識、科學、道德，這一切你都能夠掌控。但性卻帶引你進入一個截然不同的世界；一個你無法控制的世界。自我是一個最高明的操控者。如果你控制得宜，它就開心；如果你無法控制，它就不開心。於是自我與性之間就形成了衝突。

記住，這是一場注定失敗的戰役。自我無法贏過性，因為自我只是表面的，而性是非常根深柢固的。性是你的生命；自我是你的意念、你的頭腦。性深植你的全身；自我只根植在你的概念裡，它非常膚淺，只存在你的頭腦。

所以，是誰想要超越生物本能、超越性的吸引呢？是頭腦，頭腦試圖想要控制性。如果你過於頭腦傾向，你會想要超越你的性欲，因為性讓你感到挫折，它不讓你一直停留在頭腦上。你可以在頭腦那裡處理其他的事，但你沒辦法在那裡搞定性，你辦不到。你沒有辦法用頭腦做愛。你必須降下來，從你的高度降下來，你必須接近地面、接近塵世。

對自我而言，性是一種羞辱，所以自我傾向的人總是反對性。他們不斷尋求方法和手段想要超越它。他們永遠也沒辦法超越它。他們頂多會變成變態、反常。他們所有的努力從一開始就注定要失敗。

有一個老闆正在面試一名應徵者，他準備找人接替即將生產而辭職的私人祕書。老闆的得力助手坐在他旁邊，觀察每一位應徵者。第一位女孩是位體型豐滿的金髮美女，她非常聰明，而且擁有優秀的祕書經驗。第二位，黑髮美女，比第一位更聰明、更專業。第三位，鬥雞眼，暴牙，一百九十磅重，幾乎什麼都不會。

面試完所有的應徵者之後，老闆對他的助理說，他要僱用第三位。

「可是，為什麼呢？」這位助理非常吃驚的問。

「這個嘛，」老闆振振有辭地說：「首先，我覺得她看起來很聰明！其次，這不關你的事，第三，她是我老婆的妹妹。」

你也許可以假裝你克服了性，可是暗流卻依然洶湧。你可以把它合理化，你可以為它找藉口，你可以裝作若無其事，你也可以在四周圍起一個硬殼；但內在深處，真正的事實還是依然保持原樣：「她是我老婆的妹妹」——這才是真正的理由。「她看起來很聰明」——只是為了合理化。「這不關你的事」——那是出於惱怒，因為你怕別人知道實情！但不論你怎麼做，實情還是會被揭露出來；你藏不住的，不可能。

所以，你可以嘗試控制性，但性欲的暗流依然在你全身流動，它會以許多方式展現它自己。從你所有的合理化中一次又一次探出它的頭。

我不會建議你試圖超越你的性欲。我的建議剛好相反：忘了想超越它的念頭，而是盡你所能的深入它。當能量在那裡時，盡你所能的深入它，盡你所能的去愛，同時透過它創造出藝術。而不要只是「做完」了事。

那就是譚崔要傳達的意涵，讓做愛成為一種藝術。這其中有相當微妙的差別，只有以一種極致的美感真正進入的人才會了解。否則，你做了一輩子的愛，還是無法得到滿足，因為你不知道真正的滿足是一種具有美感的東西。就像一首絕美的音樂在你的靈魂深處響起一樣。如果你因為性而陶醉在和諧中，如果你因為愛，不再緊繃放鬆下來，如果愛不只是因為你不知道如何處理才把能量丟出去，如果性不只是能量釋放而是放鬆，如果你放鬆在伴侶裡面，你的伴侶也放鬆在你裡面，如果有幾秒鐘、幾個片刻或幾個鐘頭，你忘了你是誰而完全沉浸在其中，之後你會變得更純淨、更天真、更純粹。你將會有一個完全不同的存在：自在、歸於中心、根植大地。

如果這個情況自然發生，有一天你會突然看到洪水退了，留給你的是無比的豐盛。你不會因為它的離去而感到遺憾。你會心存感激，因為現在，更豐富的世界打開了。當性離你而去，靜心之門就打開了。當性離你而去，你就不會再讓自己迷失在對方裡面。你開始有能力迷失在你自己裡面。這麼一來，另一個高潮，內在的高潮，與自己同在的世界就出現了。

但這唯有透過跟對方在一起才會出現。你因為對方而成長、成熟。然後當你能夠單獨的時候，有一個極度喜悅的片刻會來到。你就不再需要任何人了。這個需要消失了，你已經從它身上學到許多經驗，學到很多關於自己的經驗。對方變成一面鏡子。你還沒有打破鏡子！你已經學到很多關於自己的事情，現在不需要再照鏡子。你閉上眼睛就能看到自己的臉。但如果你不曾從鏡子裡看過自己的臉，你就無法認出自己。

讓你的女人當你的鏡子；讓妳的男人當妳的鏡子。讓你在你伴侶的眼睛裡看見你的臉；讓你進入你的伴侶裡面好認識你自己。那麼有一天鏡子就不再需要了。你也不會對抗鏡子！你會對它心存感激，你怎麼能夠對抗它呢？你會非常感謝它，你怎麼可能會對抗它呢？那麼，超越就發生了。

超越不是壓抑。超越是你本身的自然成長；你向上成長、超越，就像一顆種子破殼而出，嫩芽開始從土壤底下往上鑽出來。當性消失了，種子也消失了。

透過性，你有能力生育孩子。當性消失了，整個能量開始轉向生育你自己。印度稱它為：dwija，再生。第一次的出生是父母給予的，而另一次的出生正在等待中。它必須透過你自己誕生出來。你必須是自己的父母。那麼，你整個能量就會轉向內在——成為一個內在的圓圈。

現在要你形成一個內在的圓圈很難。與另一極——女人或男人——連結比較容易——如此圓圈也變得完整了。然後你可以享受這個圓圈的祝福。漸漸地，你會有能力形成自己內在的圓圈，因為你的內在有男人也有女人。沒有人只是男人，也沒有人只是女人，因為你是來自於一個男人和一個女人的結合，你裡面同時攜帶著男人與女人：你的母親給你一些東西，你的父親也給你一些東西。他們各貢獻一半。兩個人都在。有一個可能性是，兩個人會在你的內在相會；你的父母再度在你的內在相愛。那麼真實的你就會誕生。你出生的時候他們曾經一度交會過；現在，如果他們能夠在你內在再次交會，你新的靈魂將會再次誕生出來。

這就是超然的性；更高層次的性。

我這麼說好了：當你超越性的時候，你會達到更高層次的性。平凡的性是粗俗的，更高層次的性一點也不粗俗。平凡的性是向外的活動，更高層次的性是向內的活動。在平凡的活動中，兩個身體交會，這個交會是外在的。而更高層次的性，是你們自己內在的能量交會。不是生理的而是靈性上的交會，這就是譚崔。譚崔是超然的。如果你不了解這些，就只能一直對抗性……

這個問題是一個女人問的，我知道她的內心正在經歷一個關鍵性的時刻。她想要單獨，但還太早了一點。她不想被任何人打擾，但還太早了一點，也太自我了。她現在不可能超然，只可能壓抑。如果妳現在壓抑，等妳老的時候，妳就會後悔，因為到那時事情會變得一團糟。

每一件事情都有它恰當發生的時機。每一件事情都必須在恰當時機做。年輕的時候，不要害怕愛，不要恐懼性。如果年輕的時候害怕，到老的時候你會迷戀；這樣就很難進入更深的愛裡，頭腦還依然在迷戀。

就我的了解，如果人們可以正確、充滿愛且依循自然之道生活，到了四十二歲的時候就能開始超越性。如果他們不是順隨自然之道而生活，甚至對抗性，到了四十二歲時，反而會變成他們最危險的時刻——因為到了四十二歲，能量開始下降。年輕的時候你可以壓抑某些事情，因為你精力旺盛。看看這多諷刺！年輕人能夠很容易壓抑他們的性能量，因為年輕人有足夠的能量可以壓抑它。他們可以把它壓下去坐在它上面。但當能量下降時，那些被壓抑的性欲會顯出它的威力，到時你就無法控制它了。

我聽過一則軼事：

一個六十五歲的男人到他當醫生的兒子的診所，他要求兒子給他一點增強性能力的東西。兒子幫他打了一針，但沒有向他收任何費用。不過，老人堅持給他十塊美金。一個星期之後，老人又來要求打針，這一次，他給了兒子二十塊美金。

「可是，爸，打一針才十美元。」

「拿去吧！」老人說：「多的十塊錢是你媽給你的。」

它會繼續下去。所以在事情發生之前，結束它。不要等到年紀大了而讓事情變得更難看。那麼，所有的事情就都錯過時機了。

問題　我知道我的愛是臭的，為什麼我還緊抓著這個味道不放呢？

我們總是按照過去的模式生活著。我們的生活根植於死氣沉沉的過去裡，被過去所約制。過去的影響非常強大，那就是為什麼你會一直活在相同的模式裡；儘管愛臭了，你還是不斷重複一樣的日子。你不知道還有什麼可以做，你已經被它制約住。那是機械性的現象。不只你如此，幾乎所有人類都如此，除非你成為一個佛。

成為一個佛，意味著擺脫過去，活在當下。過去非常龐大，你已經生活在相同的模式裡無數世了。現在你或許開始覺察到你的愛是臭的，但這份覺知還不夠深，還很表面。如果你真的深入，如果它滲透你最深處的核心，你會馬上跳離它。

如果你的房子著火了，你不會去問任何人要怎麼逃出來。你不會去查大英百科全書，也不會等待智者來教導你。你不會考慮從窗戶跳出去合不合適，你根本不會管那些。甚至就算你剛好在浴室脫光衣服準備洗澡，你也會光著身體跳出窗外！你不會在乎自己有沒有穿衣服。當房子著火了，你的生命正處於危險中時，任何其他的事情都是次要的了。

如果你的愛臭了——如果這真的是你的經驗——你會跳脫出來。你不會只是問問題，你會直接跳出來。

但我認為這只是智性上的想法，因為每一次的戀情都會產生一些痛苦。每一次的戀情都會有一些衝突、掙扎、對抗、嫉妒與佔有。所以你用智性的觀點說：「我的愛是臭的，為什麼我還緊抓著這個味道不放呢？」因為它還不是你真正的親身體驗。

況且，那是你自己的味道！你很熟悉自己的味道。那就是為什麼自己一個人的時候不會感受到這個味道，只有跟別人在一起的時候才感受得到。當你在愛之中時，你開始露出你真實的面貌。愛是一面鏡子。對方開始像鏡子一樣。所有的關係都會變成鏡子。你單獨的時候，你感受不到自己的味道，你沒辦法；你已經對那個味道免疫。你跟這個味道一起生活得太久了，你怎麼聞得到呢？唯有跟別人在一起時你才會感受到對方是臭的，對方也開始感受到你是臭的。然後戰爭就開始了。這是全世界所有伴侶不斷上演的故事情節。

「胡安，你要帶那隻山羊去哪裡呢？」警察問。

「我要把他帶回家當寵物！」胡安答道。

「養在家裡嗎？」

「當然。」

「可是，牠的味道怎麼辦？」

「那又怎麼樣？牠不會在意味道的！」

你自己的味道不會妨礙你。事實上，如果它突然沒了，你會有一點慌亂，你會覺得有一點不踏實。你感覺不到自己的本質；會覺得哪裡不對勁。如果你在愛中卻沒有嫉妒，你會開始懷疑你到底是不是在愛。這是哪一種愛？怎麼會沒有嫉妒呢！

沒錯，你的愛情跟每一個人的愛情一樣都發臭了，但唯有當你在關係中才會感覺得出來。你從來沒有真的想過那和你有關。你內心還是依然覺得那一定是對方的錯。頭腦就是這麼運作的：把責任丟給對方。頭腦認可它自己，而總是在挑別人的毛病。

有幾個人坐在電影院的最前排。電影已經開演了，突然間有一股可怕的味道。一位觀眾轉身問坐在他旁邊的人：「你大便在褲子上了嗎？」

坐在他旁邊的那個人回答：「沒錯，怎麼了？」

人們完全接受自己！無論他們做什麼都是對的：「怎麼了？有什麼不對嗎？」那是

他的褲子，干你什麼事？自由是每個人與生俱來的權利！

如果你的愛發臭了，那麼就去找出真正發臭的原因。不是愛發臭了，是別的東西。愛本身有一股芬芳；它不會發臭，它是一朵蓮花。一定有其他的東西在裡面——嫉妒、佔有。可是你不曾提及嫉妒或佔有。你將它們隱藏起來。愛永遠不會發臭，不可能；因為那不是愛的本質。試著找出真正造成問題的原因。我不是要你去壓抑它。一切要做的只是釐清它，搞清楚那是什麼。

如果是嫉妒，我只會建議一件事：更覺察你的嫉妒。下一次當它出現時，與其生氣，不如關起門，靜靜地坐著，坐著靜心，看著你的嫉妒。看看那到底是什麼。它會像煙霧一樣圍繞著你，污穢的煙霧。它使你窒息，你會想出去做點什麼事，但什麼事也不要做。待在你無為的狀態裡，因為在嫉妒的狀態下做的任何事情都是有破壞性的。只要看著它就好。

我不是要你去壓抑它，因為那還是在做些什麼。人們不是發作就是壓抑，兩種方式都不對。如果向對方發作，那會有破壞性，無論誰是你的受害者都會遭殃，而且他會報復。他或許在意識上不會報復，但在無意識中會這麼做。

就在幾個月前，KB愛上一個女人。其實並沒發生什麼特別的事，但他的女朋友狄克莎（Deeksha）就抓狂了！她沒有辦法接受這件事。幾個世紀以來，我們被教導，如果男人或女人在愛上你之後又去找別人，那意味著他拒絕了你。

這根本是胡扯。這不是拒絕；事實上剛好相反。如果男人愛女人，他享受跟這個女人在一起的同時，他會開始幻想如果和別的女人在一起時會如何。這個女人會觸發他的幻想，讓他感到非常喜悅。並不是他拒絕這個女人，而是表示這個女人滋養了他，因此他想要知道別的女人是怎麼樣。如果讓他去，他不可能走太遠，他會回來，因為和別的女人在一起可能很新奇、很新鮮，但無法滋養他，因為他沒有親密的感覺。他會感到空虛，那是沒有愛的性。

愛需要時間成長，需要有親密性的成長。愛需要長時間的培養。它不像季節性的花，三、四個星期之後就謝了。那是親密成長的漫長過程。慢慢地，兩個人融合在彼此之中；互相滋養。和別的男人或別的女人在一起，無法得到同樣的滋養。那可能只是一個探險、一陣興奮。你突然間會有這樣的感覺——一定會有——它會很好玩，但得不到滋養。然後，這個人就會回來了。

ＫＢ一定會回來，但是狄克莎已經抓狂了。她就像所有的女人一樣！我一直在看她會不會報復。現在，她報復了。當ＫＢ生病住院時，狄克莎有了一點自由——她愛上了一位臨時工！這位臨時工真的證明了他的技術不賴！所以現在換ＫＢ在地獄裡。

沒有必要擔心這些事。我傳了一個訊息給ＫＢ說：「等一等，不用擔心。就讓她報復吧。這很好，讓她發燒的潛意識有機會澆息是好的。」

如果我們能多了解彼此一點，如果我們多了解人性一點，就不會有嫉妒。但這是過去好幾個世紀以來遺留的東西，要擺脫它並不容易。我不是要你現在就丟掉它，你必須靜下心來想一想，無論它什麼時候纏住你，靜心冥想它。慢慢地，靜心會在你與嫉妒之間創造出距離。距離越大，嫉妒就越少。當有一天嫉妒不在了，你的愛會散播出無與倫比的芬芳。所有的花與愛的綻放一比，都相形失色。

但是你的愛因為嫉妒與佔有而殘缺不全。並不是愛發臭了，記住，我曾經看到人們以為愛發臭了而封閉自己。他們封閉自己，不再去愛。那就是長久以來發生在和尚或尼姑身上的故事：他們關閉了愛，丟掉一切愛的想法。他們不選擇革命、更有價值的方式，例如丟掉嫉妒、丟掉佔有，反而丟棄了愛。這比較容易，因為愛本來就沒多少，任何人都做得到。

當一個和尚或一個尼姑非常容易，但沒有嫉妒心的愛，沒有佔有的愛，給予對方自由的愛，真的是一項偉大的成就。唯有如此，你才能夠經驗到愛以及愛的芬芳。

愛以及無為的藝術

有些事情沒辦法被做，只能自然發生。「作為」是一種非常平庸、世俗的事。你可以為了賺錢做些什麼，你可以為了更有權勢做些什麼；但對於愛，對於感激，對於寧靜，你什麼也不能做。了解這件事是非常重要的：「作為」(doing)表示世界，「無為」(non-doing)表示超越世界，順著事情自然發生，讓浪潮帶你回到岸上。如果你游泳，你就錯過了。如果你「做」了什麼，你會破壞它；因為一切作為都是世俗的。

只有極少數的人知道無為的祕密，並能夠允許事情自然發生。如果你想要追求不同凡響的東西——超越人類能力與頭腦所能及的那些無關緊要的東西——你就必須學習無為的藝術。我稱它為靜心。

這是個麻煩，因為一旦給了一個名稱，人們立刻就會問怎麼「做」。你不能說他們不對，因為「靜心」這兩個字創造出「做」的概念。人們擁有各種頭銜學位，人們已經做盡一千零一件事；但當他們聽到「靜心」時，他們還是會問：「好，告訴我們怎麼做。」然而，靜心基本上意味著無為、放鬆以及順著水流走——像微風中的葉子、隨風飄動的雲一樣。

絕對不要問雲說：「你要去哪裡？」它自己並不知道；它沒有住址，沒有命運。如果風向改變，本來往南移動的會開始往北。雲不會對風說：「這不合邏輯，我們本來要往南方去的，現在你卻要往北去。真正的重點是什麼呢？」不會，它會直接轉向北方，就像它往南方移動一樣容易。對它而言，東、西、南、北，沒有什麼不同。它只是隨風飄移，沒有欲望，沒有目標，沒有哪裡要去；它只是享受這趟旅程。靜心讓你變成一朵雲——一朵有意識的雲。所以，它沒有目標。

絕對不要問一個靜心者：「你為什麼要靜心？」因為那無關緊要。靜心本身既是目標同時也是方法。

老子是「無為」的歷史中最重要的一位人物。如果歷史能夠被正確記錄下來，那麼應該要有兩種歷史。一種是有為者的歷史，包括成吉思汗、帖木兒、亞歷山大、拿破崙、恐怖伊凡、史達林、希特勒以及墨索里尼；這些人屬於有所作為的世界。應該還要有另一種歷史，更高層次的歷史，真正的歷史——屬於人類意識、人類進化的歷史。這會是老子、莊子、列子、佛陀、馬哈維亞、菩提達摩的歷史；一個完全不同、關於人類本質的歷史。

老子因為坐在樹下而成道。在一個悠閒的秋天裡，一片葉子隨著風慢慢地飄落下來。老子看著那片落葉，它慢慢落下，停在地上，就在他看著葉子飄下、落地的當下，某些東西也在他的內在安定下來。從那個片刻起，他變成一個無為者。它領悟到，風自己在飄，水自己在流，沒有人做它；存在會照顧一切。

老子的整個教導就是讓生命順著水流，不要干預它：無論水要往哪裡去，順著它，不要游泳。但是頭腦總是想要做些什麼，因為如此一來功勞就可以歸於自我。如果你只是順著水流，功勞就歸水流而不是你。如果你游泳，就有機會產生更大的自我：「我游過了英吉利海峽！」

存在讓你出生，賦予你生命，給你愛；它給你一切無價的東西，每一樣都是用錢買不到的。只有那些準備好把生命歸功於存在的人才知道無為的美，無為的恩賜。

重點不在作為，重點是讓自我不在，讓事情自然發生。

放下——這兩個字涵蓋了整個的經驗。

在生活中，你試圖做盡所有的事。請留一點給無為，因為那些才是唯一有價值的事。

有些人試著去愛，因為母親從孩子一出生就對他說：「你要愛我，因為我是你的母親。」所以她也把愛變成一種邏輯推論——「因為我是你的母親。」她不讓愛以自己的方式成長，而是被強迫。

父親說：「愛我，我是你的父親。」孩子是如此無助，他唯一能做的就是假裝。他還能怎麼做？他可以微笑，可以親吻，他知道這一切全都是假的：他不是真的想這麼做，那些全都是騙人的。不是他真心的。但因為你是他的爹地，他的媽咪，你是這個、那個。他們破壞了孩子這一生中最珍貴的經驗之一。

然後太太告訴先生：「你要愛我，我是你的太太。」真奇怪。先生說：「妳要愛我。我是妳的先生，那是我的權利。」愛無法被要求。如果它發生在你身上，感激它；如果沒有發生的話，要等待。甚至在你等待的時候，也不應該有抱怨，因為你沒有權利。愛不是任何人的權利，沒有憲法保障你有經驗愛的權利。但他們破壞了這一切，結果是，太太要微笑，先生要擁抱。

美國最有名的作家之一戴爾．卡內基(Dale Carnegie)說：每一位先生一天應該至少對他太太說三次：「親愛的，我愛妳。」你瘋了嗎？但他就是這個意思，而且還有人相信；成千上萬的人都遵循戴爾．卡內基的練習。「你回家的時候，要帶著冰淇淋、玫瑰、鮮花以表示你對太太的愛，」就像愛必須用物質、用語言一遍又一遍的表達、證明，這樣就沒有人會忘了它。如果有幾天你沒跟太太說「我愛妳」，她會計算你幾天沒說了，然後她會越來越懷疑你一定是去對別人說，因為她的配額減少了。愛變成了數量。「如果你不再帶冰淇淋回來，冰淇淋一定是去了別的地方，我無法容忍。」

我們已經創造出一個只相信「作為」的社會，而我們的心靈，需要無為、順應自然的那一部分卻依然匱乏。它不是要你刻意去說：「我愛你。」而是有一天你自然而然地說出了你的愛。到時你會對自己說出來的話感到非常驚訝。你並沒有事先在心裡演練過、背誦它，不是的，那完全是自發性的、自然而然發生的。

事實上，真正的愛是無法用言語表達的。當你真的在愛裡面，那種強烈的感受會在你周圍創造出一種特定的光芒，它道盡了一切，你無法用言語形容的一切。

但我們不是如此，我們總是安排好所有的事情，我們將每一件事變成「作為」，最後的結果是，我們的性格越來越虛偽。我們完全忘了那是虛偽的。一個偽善的人是不可能有任何無為的世界的。你只會越做越多，讓自己變成了一個機器人。

所以，無論何時只要你有任何自然發生的經驗，把它當作存在的禮物，讓那個片刻成為你新生活的先驅。允許自己一天二十四小時內，有幾個片刻不做任何事，讓存在對你做些什麼。那麼你內在連結宇宙與神性的窗戶將會被開啟。

問題　我覺得自己常常為了怕無聊而有很多的「作為」。能不能請你談談有關我們所謂無聊與坐立不安這個經驗的本質呢？

無聊與坐立不安有很深的關聯。只要你覺得無聊，你就會開始坐立不安。坐立不安是無聊的副產品。

試著了解這個運作機制。每當你感到無聊的時候，你就會想要脫離這種狀態。如果有人正在說些你覺得無聊的話，你會開始浮躁。這是暗示你想要離開這個地方，這個人，這些廢話。你的身體會開始移動。當然，你基於禮貌壓抑了它，但身體已經自己動了起來，因為身體比頭腦更真實，身體比頭腦更誠實、更誠懇。頭腦試圖要有禮貌、微笑。你說：「哇！好有趣喔！」但其實內心真正想說的是：「有夠無聊！這個故事我已經聽過好幾次了，你怎麼還在說它！」

我聽過一個有關愛因斯坦夫人的故事。愛因斯坦的朋友經常去拜訪愛因斯坦，愛因斯坦總是會說一些軼事或笑話，他們都因此大笑。但有一個朋友覺得很好奇；他注意到每次當愛因斯坦開始說故事時，愛因斯坦的夫人就馬上打毛衣或做別的事，所以他問她：「為什麼每次妳先生開始說故事或笑話時，妳就開始打毛衣呢？」

她說：「如果我不做些事情，實在難受，這些故事和笑話我已經聽過一千零一次了。你偶爾來，而我一直在這裡。只要有人來，他就會說同樣的笑話跟故事。我要不做些什麼事的話會很煩躁，這樣不太禮貌。所以我得把我的不安轉移到某些工作上。這樣我就可以用工作來隱藏我的焦躁不安。」

當你無聊時就會感到不安。坐立不安是身體的暗示；身體在說：「離開這裡。去哪裡都好，就是不要待在這裡。」可是頭腦還是繼續微笑，眼睛仍然一直散發著閃耀的光芒，你說你在聽，你說從來沒聽過這麼有趣的故事。頭腦是有教養的，身體仍然未被教化。頭腦是人類，身體依然是動物。頭腦是虛假的，而身體是真實的。頭腦知道規矩、條例，知道什麼該做什麼不該做。所以就算你遇到一個無聊的人，你也會說：「很高興看到你！」但你內心卻想，如果可以的話，你真想殺了這個人！他讓你想殺人。所以你會浮躁、不安。

如果你聽從身體逃跑，焦躁不安就會消失。試試看！如果有誰讓你覺得無聊，就直接跳開，然後看看會發生什麼事——你的不安會消失，因為不安只是顯示能量不想留在這裡。能量已經要離開了；能量早就離開那個地方。如果你跟隨能量，不安就會消失。

你必須了解的是無聊，而不是焦躁不安。無聊是一個非常重要的現象。只有人類會感到無聊，動物不會。你無法讓水牛無聊，不可能。只有人類會無聊，因為只有人類有意識。原因就在意識。你越敏感就越有覺知、越有意識。一個平凡的頭腦不容易感到無聊。他繼續過日子；無論什麼狀況他都可以接受。他不是很警覺。當你越警覺、越鮮活，就越會覺得無法忍受一個不斷重複、了無新意的狀況。你越敏感，就越容易覺得無聊。

無聊是敏感的徵兆。樹木不會無聊，動物不會無聊，石頭不會無聊，因為它們不夠敏感。這必須是無聊的基本了解之一：無聊是因為你夠敏感。

佛陀不會無聊。你無法讓佛陀無聊。動物不會無聊，佛陀也不會無聊，無聊是介於動物與佛陀之間的中間現象。對於無聊，需要比動物更多一點悟性與敏感度。如果你想要超越無聊，你必須全然的敏感。然後無聊會再度消失，你就能達到像佛陀那樣不會無聊的境界。但如果你只處在中間地帶，就會一直有無聊的感覺發生。

如果你像動物一樣，無聊也會消失。所以你會發現活在動物型態生活裡的人比較不會無聊。吃、喝、結婚——他們不會太無聊，但也不怎麼敏感。他們活在最低的層次裡，他們的意識只需要應付日常生活就夠了。

你會發現那些知識分子型的人比較容易無聊，因為他們經常在思考，他們在思考中會看出某些事情不過就是不斷的重複。

你的生活充滿不斷重複的事情。你每天早晨起床的方式幾乎都一樣。你吃早餐的方式也幾乎都一樣。你去上班——一樣的辦公室，一樣的人，一樣的工作。你回家——同一個太太、同一個先生，相同的伴侶。如果你感到無聊，那很正常。你在這裡幾乎看不到什麼新意；一切似乎都是舊的，堆滿塵埃。

我聽過一則軼事：

珍·瑪麗是一位有錢的股票經紀人的好朋友，有一天，她興高采烈的打開門，當她發現站在門口的這個人是她情人的老婆時，她很快想把門關上。

這位太太靠在門上說：「讓我進去吧，親愛的。我不是來鬧的，只是想要做一個友善的交流。」

珍·瑪麗緊張兮兮的讓她進門，謹慎的說：「妳要做什麼？」

「沒什麼，」太太四處看看之後說：「我只要妳回答一個問題。親愛的，告訴我，就我們兩個之間知道，妳覺得這個不會講話的混蛋是個什麼樣的人？」

每天一成不變的先生，變成一個不會講話的混蛋；每天一成不變的太太，你幾乎快忘了她的長相。如果要你閉上眼睛回想你太太的臉，你會發現你根本想不起來。你的腦海裡會出現許多其他的女人、甚至全部的街坊鄰居，就是沒有你太太。整個關係變成一件不斷重複的事情。你們做愛，你抱你的太太、親你的太太，但這一切都非常空洞。狂喜與魅力早就消失了。

一般婚姻差不多在蜜月期之後就結束了，接下來你只是一直在假裝。但假裝的背後會不斷地累積無聊。看看路上的行人，你會發現他們有多無聊。每個人都很無聊，無聊死了。看看他們的臉——沒有快樂的氣息。看看他們的眼睛——被塵埃蒙住，沒有內在的幸福在閃爍。從辦公室到家裡，從家裡到辦公室，漸漸地，整個生活變成機械式的例行公事，不斷重複。然後有一天他們死了。人們幾乎都不曾真正活過就死了。

羅素(Bertrand Russell)曾說：「當我回想過去，我找不出生命中有幾件真正充滿活力的事。」你能記得生活中有多少真正充滿活力的事嗎？很少。有的人夢想這樣，有的人幻想那樣，有的人希望如此，但幾乎從來沒有發生過。就算發生了，也很快就變成重複。當妳愛上一個女人或男人，妳覺得奇蹟出現了，但是漸漸地，奇蹟又消失了，一切又回到例行公事上。

無聊是因為你意識到重複的行為。動物不會記得牠們的過去，所以不會感到無聊。他們沒有過去的記憶，所以感覺不到重複。水牛每天高興地吃著一樣的草。但你辦不到。你怎麼可能每天都快樂的吃一樣的東西呢？你會厭倦。

因此，人們試圖要改變。他們搬新家，買新車，和前夫離婚，尋找新的戀情。但是同樣地，這些新東西遲早也會變重複。換地方，換伴侶，換房子都沒有用。

當一個社會變得無聊，人們會開始從這個城鎮搬到另一個城鎮，從這個工作換到另一個工作，從這個太太換到另一個太太，但他遲早都會知道這麼做是沒有意義的。相同的事情跟所有的女人或男人、房子、車子一樣，都會一再的發生。

所以該怎麼辦呢？只要變得更有意識。問題不在於改變狀況。問題在於你要開始轉變自己，讓自己更有意識。如果你更有意識，你就有能力看到每一個片刻都是新的。為此，你需要更多、更大的能量，一個巨大的意識能量。

記住，你的太太不會是一樣的。你一直在一個幻覺裡。回家再看看你的太太——她並不一樣。沒有人是不變的；那只是被外表欺騙。今天的樹木不會跟昨天的一樣。怎麼可能一樣呢？它們已經成長。許多葉子掉了，新的葉子長出來。看看街上的樹——有多少新的葉子長出來？每天都會有枯葉凋零，新葉誕生。可是你沒有意識到。

要不就是沒有意識，感覺不到重複性；要不就是充滿意識，使你能夠在重複中看到新的事物。這是兩種遠離無聊的方法。

改變外在事件不會有所幫助。那就像一遍又一遍重新擺設房間裡的家具一樣。無論你怎麼做，這樣擺那樣放，還是一樣。很多人滿腦子想著該如何安排事情，該把東西放在哪裡，不該放哪裡，如何擺設，不斷照著自己的想法改變。但房間還是一樣，家具還是一樣。這麼做可以欺騙自己多久呢？漸漸地，當一切都安置好了之後，新鮮感又不見了。

你沒有一個意識的品質，無法一次又一次的發現新意。對一個遲鈍的頭腦而言，一切都是舊的；對一個鮮活的頭腦而言，陽光底下沒有舊聞，不可能。每一件事情都在變動。每一個人都像流水一樣不斷流動。人不是沒有生命的東西，怎麼可能維持不變呢？你是一樣的嗎？你早上醒來，出門，回家，這中間發生多少事。有些思緒在你腦海中消失，別的思緒又進入你腦海中。你或許會有一個洞見出現，你沒有辦法像離開家時那樣回家。河流一直在流；看起來一樣，但其實不一樣。老赫拉克里特斯（Haraclitus）曾說，你不會踏入同一條河兩次，因為河流永遠都不可能保持一樣。

一方面是，你不一樣了，另一方面是，每一件事情都在改變……但一個人必須活在意識的高峰才能體會。活著像一個佛或一頭水牛，都不會無聊。這由你自己選擇。

我從來沒有看過任何人是一樣的。我總是對你每一天帶來的新鮮感到驚喜。你或許不曾覺察過。

讓自己保持驚喜的能力。

讓我告訴你一則軼聞：

一個男人走入一間酒吧，心裡暗自盤算著如何和女人搭訕。他轉向剛好從他身邊經過的一個女人說：「不好意思，小姐，有時間嗎？」

這個女人用尖銳的聲音回說：「你竟敢對我提出這麼下流的要求！」

男人被她突如其來的反應嚇到，同時對酒吧裡每一雙投來的眼光感到不自在。他低聲說：「小姐，我只是問一下時間。」

這個女人更加提高音調尖聲說：「你敢再說一個字，我就叫警察！」

男人尷尬得馬上拿起他的酒杯，趕緊走到吧檯盡頭縮在一角，屏住呼吸，想著要怎麼樣快速溜出門外。

不到一分鐘，這個女人走過來，以一種平靜的聲音說：「先生，非常抱歉讓你這麼難堪，我是大學心理學系的學生，正在寫一篇關於人類突然受到驚嚇的反應的論文。」

這個男人盯著她看了三秒鐘之後，傾身大聲吼著說：「妳願意為我做全套的服務，整晚，兩塊錢？」

據說那個女人當場昏過去。

或許我們不願提升我們的意識的原因，是因為這麼一來生活將不斷有驚奇與震撼，而你可能處理不來。那就是為什麼你安於一個遲鈍的頭腦，這是有投資在其中的。你不是沒有理由變遲鈍的，這其中是有特定的原因的；如果你真的是活生生的，那麼每一件事情都會充滿驚喜與震撼。如果你保持遲鈍，那麼就不會有驚喜，也不會有震撼。你越遲鈍，生命似乎也對你遲鈍。如果你越覺知，生命也會變得更有活力、更強烈，而這就會有困難。

你總是生活在一切都確定無疑的預期中。每天回家，你會預期太太有既定的行為。現在看看你是如何為自己創造出不幸的：你期待你的伴侶保有既定的行為，但你又希望她要有新意？你根本是在要求不可能的事！如果你真的要你的太太、先生、伴侶永遠保有新鮮感，就不要預先有期待。當你回家時，你應該總是準備好迎接驚喜跟震撼，那麼對方就會是新的。

但我們並沒有這麼做，我們反而期待對方滿足我們既定的預期。我們也從來不把自己的鮮活、流動與對方分享。我們一直隱藏自己，不願暴露自己，因為對方可能完全無法了解。先生跟太太兩個人都期待對方有既定的行為，當然，他們彼此也扮演好自己的角色。我們不是活在生活裡，我們是活在角色裡。先生回到家中，他得勉強自己進入一個既定的角色。他進門的那一刻，就不再是個活著的人，他只是一個先生。

「先生」代表一個被期待的既定行為模式。在家裡，女人是太太，男人是先生。這兩個人在一起，其實是四個人：先生和太太，不是真的人而是角色、面具、虛假的模式、被期待的行為、義務和一切，再加上隱藏在面具背後的兩個真實的人。

是這些真實的人在感到無聊。

你投資太多在你的角色與面具裡。如果你真的想要一個不無聊的生活，丟掉你所有的面具，做真實的你。這有時候很難，我知道，但是值得。讓自己真實。如果你覺得你愛你的太太，那就愛她，否則就說你沒有感覺了。現在的狀況是，先生繼續跟太太做愛，但心裡卻想著別的女人。在他的想像中，他並不是和這個女人在做愛，而是和別的女人。太太也是如此。這樣會讓事情變得很無趣，因為他們已經失去生命力，也失去了強烈的感受與敏銳度。

在火車站的月台上，強森先生站在一台舊式的體重機上秤體重，機器跑出一張印著幸運話語的卡片。

尖酸刻薄的強生太太從先生的手中扯出卡片說：「我來看看。喔，它說你是穩定堅毅的人，有決斷力的性格，是個領導者，有女性魅力。」

接著她把卡片翻過來，研究了一會兒說：「它連重量指數也錯了。」

沒有任何一個女人能夠忍受自己的先生對別的女人有吸引力。這是整個事情的重點，也是關鍵。如果他對別的女人沒有吸引力，她怎麼能期待他對她有吸引力呢？唯有他對別的女人有吸引力，他才會對她有吸引力。太太要他只能引起自己的興趣，而不能對別的女人有吸引力，這種要求很荒謬。這就像你說：「只有我在的時候你才能呼吸，你在別的地方就不准隨便呼吸。你竟然敢在別的地方呼吸？」只有太太在的時候才能夠呼吸，只有先生在的時候才可以呼吸，其他的地方不准呼吸。當然，如果你這麼做一定死掉，也就無法在你的另一半面前呼吸了。

愛必須是真實坦誠的，而不是角色扮演。唯有如此，你才能夠愛你的太太、妳的先生。但現在太太卻說：「不，你不可以用愛慕的眼光看別人。」當然，你設法控制自己，如果你不控制自己麻煩就大了，但是這麼一來，你眼中的光采會漸漸消失。如果你無法以愛的目光看任何地方，你也漸漸無法以愛的目光看自己的太太。這種能力消失了。身為太太的也一樣。整個人類都一樣。那麼，生命是無聊的；大家都只是等死；所以有些人一直想自殺。

馬歇爾(Marcel)曾說，人類最令人費解的問題就是自殺。的確如此，人們太無聊了。讓人驚訝的是，更多的人沒去自殺，他們還繼續活著。生命似乎沒有給予任何東西，所有的意義都失去了，但人們還繼續耗下去，希望有一天奇蹟出現，所有一切都會恢復正常。

絕對不可能。你必須自己恢復正常，沒有人能幫得了你。彌賽亞不會降臨，不要等救世主來救你。你必須成為自己的那道光。

更真實的活著。丟掉面具，那是你心裡頭的重擔。丟掉所有的虛假。揭露一切。當然這麼做會帶來麻煩，但是值得的，因為唯有經歷麻煩之後你才會成長，變得成熟。沒有什麼可以阻擋生命。生命的每一個片刻都在展現它的新意，你周遭不斷有奇蹟發生，你卻還獨自躲在死氣沉沉的習性背後。

如果不想無聊，就成為一個佛。讓每個片刻都完全覺知，因為只有充分的覺知才能讓你丟掉面具。你已經完全忘了你的本來面貌。就算你獨自站在浴室裡的鏡子前，那裡也沒有人在；就算你站在鏡子前，你也無法從鏡子裡看到你本來的面貌。你還是不斷的在欺騙你自己。

存在為那些願意對存在敞開的人而敞開。然後呢，我告訴你，不會無聊了。生命是無止盡的樂趣。

問題　可不可以請你多談談關於「親密」？尤其是在婚姻當中或伴侶關係中碰到困難時，哪些時候是正面的，哪些又是負面的？

婚姻是逃避親密的一種方式。創造出「關係」是一個很愚蠢的行為。親密是不拘形式的。如果因為親密而形成婚姻，那很美，但如果你期待親密透過婚姻而發生，你的希望會落空。當然，我知道很多人，成千上萬的人，都安於婚姻中而不是親密——因為親密是一種成長，它是痛苦的。

婚姻很穩固，很安全，但這裡面沒有成長。你只是停滯。婚姻是一種性的安排；親密是一種愛的追尋。婚姻有一點像在賣淫，永久的賣淫。你必須跟某個男人或女人結婚；這是一種永久性的賣淫。這種安排非常經濟，它不是心理上的，不是來自心的。

記住，如果婚姻是因親密而發生，那很美。這意味著每個人在結婚前都應該先住在一起。蜜月不應該在結婚之後，應該在結婚前。你們在黑夜、美麗的白天，悲傷的時光、快樂的時光都在一起。你們應該深深看進彼此的雙眼，看進彼此的存在裡。

如何判斷呢？如果你的親密關係幫助你成長，使你更成熟，那就是正面的、美好且健康的。如果它沒有任何幫助，具破壞性，不允許你成熟而依然幼稚，這就是不健康的。離開它。所有的關係都是你成長、冒險、進入生命更深層次的挑戰。我的意思不是說正面的伴侶關係或婚姻就不再有問題，它的問題比負面關係更多。正面的關係有更多問題，你每天都要迎接新的挑戰。但每次當問題解決時，你就會再提升一點；每一次的挑戰都帶你進入你內在更深的整合。

負面的關係不會有問題，頂多是假問題，它所謂的問題，不是真的問題。你沒看過嗎？夫妻倆為了瑣事而大吵。那些都不是問題，就算你為那些事情吵完了也無法從這些事情上獲得任何東西，它們不能幫助你成長。看看那些太太、先生，看看你自己。如果你們為了瑣事爭吵——芝麻綠豆的小事——那表示你還是幼稚不成熟的。

真正必須去面對的問題會帶給你很大的混亂；像一陣龍捲風來襲。你必須面對它們，絕對不能逃避。瑣碎的問題是用來逃避真正的問題的。夫妻彼此在小事上爭吵：晚上要去哪一家餐廳，看或不看哪一部電影，買什麼顏色的車、哪一個型號、哪一家製造的。諸如此類的瑣事！這些事情都大同小異，它起不了任何作用。你在這些問題上小題大作，如果你把焦點放在這上面，這個關係對你不會有什麼幫助，它無法讓你整合、歸於中心。我會說這種關係是負面的。

正面的關係會面對真正的問題。例如，如果你生氣或悲傷，你會在你太太面前難過，你不會露出虛假的笑容。你會說：「我很難過。」這是需要面對的。如果你和太太走在路上，看到一位美女經過，心中燃起一股強大的欲求和渴望，你會告訴你太太，這個女人燃起了你的欲望，攪動你的心。你不會避開她。你不會轉移你的眼光假裝完全沒看到這個女人。無論你有沒有假裝，你的太太早就注意到了！她不可能不知道，因為你的能量、你的人馬上改變了。這是真正的問題。

和一個女人結婚不代表你對其他女人不再感興趣。事實上，當你對其他女人不再感興趣的那一天，也不會再對自己的太太感興趣。為什麼呢？為什麼你的太太要如此特別呢？如果你不再對其他女人有興趣，也就不會再對你的太太有興趣了。你愛她是因為你還愛女人。你的太太是女人。有時候你遇到讓你著迷的女人，你要說出來並面對即將發生的騷動。它不是瑣事，它會導致嫉妒與難題，它攪亂所有的平靜，你連晚上都不能好好睡覺，你的太太會用枕頭丟你！

誠實地讓真正的問題出現，真誠地讓真正的問題冒出來。說任何該說的，不要猶豫，不要左顧右盼。直接看著對方，坦誠以對，同時也幫助你的伴侶真實。

沒錯，真正的親密裡有很多問題存在，比負面的關係更多。如果你和你的伴侶的關係非常親密，當你對別的女人感興趣時，你怎麼迴避得了這個事實呢？你必須說出來。那是愛的一部分，親密的一部分。你完全揭露自己，你沒有任何保留。就連晚上睡覺你夢到別人，早上醒來也要和你的伴侶說。

我聽過一則關於一個電影導演的故事。當他晚上睡覺時會開始對他的女朋友說話，而且說得很大聲。他說了一些甜言蜜語，他的太太醒過來。她開始盯著他看，努力聽他說的話。你結婚了，在夢中還是會怕太太。所以他突然醒來，覺得很害怕。他說了什麼？他感覺太太正看著他，而且頭腦清醒，他沒有張開眼睛，不讓太太知道他已經醒了，然後說：「卡！下一場。」假裝他正在拍片！

如果你真的愛這個女人，你早上起來會告訴她你的夢：晚上睡覺你在夢裡和另一個女人做愛。你必須分享一切。全心全意的分享。

親密意味著沒有隱私。不要有任何的隱私，至少對你親密的對象，你要丟掉你的隱私。赤裸，毫不掩飾——好的、壞的，無論你是什麼樣子，敞開你的心。無論要付出多少代價，無論會遇上什麼樣的麻煩。這會帶給你成長。

你同時也幫助對方丟掉所有的禁忌、屏幕或面具。在親密關係中，你看到對方真實的面目，也顯露出自己真實的面目。如果一個關係幫助你找到你的真實面目，它就具有靜心的品質，是有靈性的。如果你的關係讓你創造出更多的面具與虛假，那就是不真誠的，不神聖的。

試著了解我的定義。如果我的定義能夠被理解，那麼百分之九十九的婚姻都是不真誠的，因為他們只會製造出越來越多的謊言。從一開始謊言就出現了。

我聽說：

在一個有許多人參加的婚禮上，牧師用一隻眼睛打量了一下他面前一對即將要結婚的男女。

他吟誦道：「在座如果有任何人認為他們不應該共組婚姻生活的，請現在說出來，否則請永遠保持沉默。」

「我有話要說，」一個勇敢清楚的聲音響起。

「閉嘴！」牧師打斷他。「你是新郎。」

他們才剛開始！甚至還沒結完婚。夫妻的生活就是這樣開始的。大家都保持沉默，什麼都不說。根本不說實話。他們用謊言掩飾。他們不想笑但還是笑了，他們不想接吻也還是吻了。你不想吻的時候卻這麼做，這個吻是有毒的。不想笑卻笑，這個笑是醜陋、政治的。你用某種方式一直在累積這些東西，你安於生活的謊言以及虛假中。然後再用各種方式安慰自己。

「喔！我們非常快樂，」先生堅持這麼說。「當然，偶爾太太會對我丟盤子。但這一點也不會改變我們的關係，因為如果她打到我，她會很快樂，如果她沒打中我，我會很開心！」

你不久後就會形成這樣的協議：兩個人都很快樂。

一輛載著一對老夫妻的車子掉入懸崖。車子嚴重受創。

「我在哪裡，」這個男人睜開眼睛時，呻吟著說：「天堂嗎？」

「不，」他一臉茫然的太太說：「我還在你身邊。」

這種安於現狀就像是在地獄裡。你知道的關係只不過是一種虛假、偽善，以關係為名的遊戲。

把它當成一個永遠的準則：如果你更成長、更有你的個體性，如果生活帶給你更多的驚喜，如果你變得更敞開、在存在中感覺更美好，如果你的心更有詩意，如果有更多的愛與慈悲流經你，如果你更有覺知，那麼這個關係是好的。你可以繼續。這就不是婚姻關係，而是親密。

但如果反過來；所有的詩意都消失了，生活變得平淡乏味；如果所有的愛都消失了，生活只剩下負擔，一個死氣沉沉的負擔；如果所有的歌唱都枯竭了，你活著只是為了義務，那麼最好逃開這種毒素。對你比較好，對和你一起生活的伴侶也比較好。

問題　我覺得很困惑，你一直說我是個瘋子，所以和我的男朋友在一起；但是我依然有很強烈的意願想要待在這個關係裡。如果它能使我更靠近真實的自己而能夠真的單獨、不再陷在關係中。但我肯定我尚未達成。那麼是否意味著，這個關係阻礙了我，那太令人傷心了，我甚至不想去感覺這樣的問題，我還不理解的到底是什麼呢？

問題不在於妳不理解什麼，而是妳有太多自己的想法，這些想法都與我無關。所以讓我簡單清楚的說，我並不反對任何關係；特別是妳跟妳的男朋友，你們這麼適合！他是怪人，妳是瘋子——我不會打擾你們的關係。否則這個怪人會去打擾別人，瘋子也會擾亂到別人，會多出兩個心神不寧的人。

只是純粹出於慈悲，我要你們無論發生什麼事情都要在一起，黏在一起。還會再發生什麼事嗎？他已經是一個怪人，而妳是一個瘋子，你們在一起是非常美好的伴侶！沒錯，你們會有爭吵，但是也會有愛。妳如此執著他，他也執著於妳。當瘋子怪人墜入愛河時都是如此，不論他們為對方創造出什麼樣的地獄，他們還是會在一起。地獄是他們的天堂。

我並沒有反對你們的關係。我說的是，妳男朋友應該要跳脫他的怪異，變成一個人；而妳應該脫離妳的瘋狂，也變成一個人——你們兩個應該以人的方式連結，以人的方式相愛。我不會干涉任何人的愛。如果我打擾了你的愛，那只是為了要把你們帶入更高的層次，把你們的愛帶到更豐富有趣的空間。

妳完全弄錯了，但那是可以理解的。我一直在等妳的問題。我可以自己寫下這個問題，因為我知道這兩個怪人一定一直在想這件事。妳自己也告訴過我，妳男朋友去了果亞後，妳享受了幾個星期平靜喜悅的日子。

當他通知妳他一個星期之內要回來，他人還沒回來，妳就開始重新訓練自己。妳必須做好準備才能接受他，妳開始變得很悲慘。等待他回來的這一個星期，妳失去妳所有的喜悅與平靜。現在他人回來了，妳又開始玩破壞你們關係的老把戲。

我不想分開你們兩個人，但我要你們丟掉這些瘋子和怪人的念頭。這些是危險的念頭，如果妳懷著某種念頭太久，它就會變成真的。妳用妳的念頭在你周遭創造出事實——這就是投射。

何不拋棄過去，像個陌生人一樣和彼此相會。對妳的男朋友說：「你好。」不要在頭腦裡不斷重複：「這就是那個怪胎。」不要這麼做。怪胎不是壞人，但畢竟還是怪胎。你們兩個人非常速配，但速配應該是喜悅的。它應該是一個很大的祝福；為了你們的成長，你們應該幫助彼此。

停止爭吵。妳的心是柔軟的，他的也是。我見過各式各樣的怪胎，他們的心都很軟。丟掉妳的掩飾、妳的個性，兩個人不要再起衝突了。

我不反對你們的關係，但是關係不是要你們彼此起衝突。爭吵不是愛。你們偶爾相愛，但那只是為了讓你們能繼續爭吵而已。

沒有必要爭吵。你們覺得能量太多時，可以做動態靜心（Dynamic Meditation，奧修創造的主要靜心之一）。不然妳以為我為什麼要為各種怪胎創造這些靜心呢？——這樣他們可以享受當一個鐘頭的怪胎，還覺得他們正在做靈性靜心！這些靜心就是要丟掉他們的瘋狂，不必發洩在別人身上，讓他們和別人之間能有更冷靜、更平和、更充滿愛的關係。

我不反對任何人的愛，但如果愛創造了地獄，我就不建議妳繼續活在苦難裡。這樣對你們兩個都好——如果你們之間無法創造出一個美好的空間，你們或許就不是為彼此而生的。試試看，並且覺察，如果妳依然性情乖張，臉上老是難過的表情，那麼我會建議你們分開。

妳只是個怪胎（nut），而他是名副其實的怪胎（coconut）——他知道我在說什麼。不需要失望。試試看，不過這次把重點放在讓生活變得更平靜喜悅，或是在平靜喜悅中離開對方。

我們在這個世界上都是陌生人，有一天意外的在路上相逢。如果我們能夠幫助彼此更真實、更真摯、更有愛、更靜心、更覺知，那很好。那麼我們愛的關係就是一個靈性（Spiritual）的現象。但如果我們毀了彼此，這不是友誼，這是敵人。

妳必須抉擇。你們兩個人到外面找個寬敞的空間坐下來，不要在屋子裡，那裡是戰爭的開端。坐在戶外大家來來往往經過的地方，這樣你們就不會吵架。好好聊聊。情侶已經完全忘了要如何好好聊天；他們全都說起馬拉地語(Marathi，印度語之一)。你聽過馬拉地語嗎？我很難想像妳會喜歡說馬拉地語的人；它聽起來總像在吵架。印度語中另一種跟它相反的語言是孟加拉語(Bengali)——你無法用它吵架。就算你們在吵架，看起來就像是進行一段美麗的對談。

做一個誠懇、決定性的交談，遵守一個簡單的規則：我們在一起是幫助彼此，不是毀掉彼此；是創造彼此，不是扼殺彼此。那麼，一切都會沒問題。個別來說，妳沒什麼不對，他也沒什麼不對。但在一起的時候，你們兩個人忽然都變成戰士。

當我說你們的愛應該是一種放下、一種無為、一種自由時，我的意思是，它不應該是被迫的。不應該是某種依賴法律、社會公約的東西。我的意思是，結合兩個人之間唯一的力量是愛，沒有別的。這份愛或許持續很久，或許無法持續很久。或許持續一輩子，或者明天就結束。但你都接受，這就是我說放下的意思。

有些人喜歡放蕩。這不是我所謂的放下。我不是說你應該每天換伴侶。這仍然是強迫。就像是從不能換伴侶的婚姻這個極端，換到你一定要換伴侶的另一個極端。

我說的是，讓它自由。如果你們要在一起，那非常美；如果有一天你們想要分開，帶著愛分開，帶著感謝的心分開，感謝彼此曾經帶給對方一段美好的時光。

分開應該像相遇一樣美。甚至應該更美，因為你們已經一起生活這麼久了，雖然現在你們決定分開，但你們的根已經深入彼此裡面。記憶會縈繞在你們心頭。你們曾經相愛過；即使現在妳們無法再在一起，但曾經有一段時光你們想要一輩子在一起。所以，不要有衝突的分開。你們相遇的時候是兩個陌生人，現在你們又將成為陌生人，但是，是帶著你們兩人之間曾經發生過的珍貴寶藏分開。你們必須對彼此心存感激。

但我並沒有說妳一定要切斷它。我是說，妳不必做任何事情去違抗它。如果感情能夠持續下去，如果能夠繼續在一起一輩子，直到進入墳墓，那也很好。但如果它只持續一晚，隔天早上妳覺得兩個人不適合，但是你們仍然彼此分享了美好的一夜，你也必須為此心存感激。

很多人都誤解我。他們認為我告訴人們：「盡可能快、盡可能經常換伴侶。」我不是這個意思。我要說的是，只要愛是連結你們的力量，就在一起。當你們兩個人開始感覺某些東西已經成為過去了，那麼就分開。……妳可以繼續拖著，但那是在欺騙彼此。欺騙一個妳曾經愛過的男人是很醜陋的，欺騙一個你曾經愛過的女人也是很醜陋的。最好是誠實的說：「應該是我們分開的時候了，因為愛已經消失，而我們沒有能力再緊握這份愛。」

有些事情必須隨它們自己的意願來來去去。當你感覺愛上某人，那並不是你，你並沒有決定權。它是突然間發生的，你找不出理由為什麼會發生。你只能說：「我發現自己戀愛了。」只要記住你們的第一次相遇，愛是怎麼發生的；它也會以同樣的方式離開。有一天早上妳醒來，突然發現愛離開了。先生在那裡，妳在那裡，但是某些你們之間的橋梁與交流的能量消失了。你們是二，你是單獨的，對方也是單獨的。那個「一起」已經不在了，讓你們保持在一起的奧祕已經離開了，它不是妳可以控制的，你無法強迫它回來。

成千上萬的伴侶都這麼做，期待愛或許會回來，希望祈禱、上教堂或許會有幫助，獲得某人的祝福也許會有幫助，婚姻諮商說不定也會有幫助。但沒有任何一樣幫得了妳。就算妳用某種方法留住同一個男人，妳會發現他不再是同一個男人，他也會發現妳不再是同一個女人。最好再度成為陌生人。這有什麼不對？回到你們還是陌生人的時候，沒有什麼不對。回到還不認識這個女人、還不認識這個男人之前，一切都很好。然後現在你們又成了陌生人。這不是什麼新鮮事！你應該一開始就覺察到某種奧祕，它不是你帶來的。它隨時都會走，你無法挽回。

這全都依愛而定。如果它停留很長一段時間，那很好。如果它只是稍作停留，那也很好，因為愛是好事。時間的長短沒有意義。幾分鐘的愛也可能比幾年的愛更強烈。愛在那樣的強度裡能夠給予你某些不可知的東西。所以，時間的長短沒有意義，唯一要考慮的是深度。

當你在愛之中，就全然地沉浸在其中。當它消失了，跟它道別，同時全然地結束它。不要讓這些想法殘留在你的腦海中。世界上還有很多陌生人——誰知道？這個愛情離你遠去，你也許會找到一個更好的陌生人。

生命很奇特。信任生命。你或許會找到某個人，他會向妳表露他最極致的愛，然後你會知道之前的愛情根本無法相比。

記住，有一天這個更好的愛情也可能會消失。但信任生命已經在妳沒有要求的情況下，一次又一次地送妳禮物。要永遠保持敞開。

這個世界充滿美麗的人；不虞匱乏。每個個體都擁有別人沒有的獨特性。每個個體都會給予愛情他自己的顏色、詩與音樂，那是別人無法給予的。

信任生命——那是我基本的了解。信任生命，因為是生命誕生出我們，我們是生命的孩子。

信任生命。生命從來沒有背叛過任何人。或許妳已經通過第一課，必須要進入第二課，更高年級、更精緻的愛，更複雜的現象——誰知道？讓你的心敞開，生命永遠不會令人挫折。

第3部 從關係到連結——本體的愛

單獨的能力就是愛的能力。對你而言，這或許互相矛盾，其實不然。這是絕對的真理：只有那些能夠單獨的人才能去愛、去分享；才能進入對方最深的核心，不佔有對方，不迷戀對方，不依賴對方，不把對方貶低成一件物品。他們允許對方有絕對的自由，他們知道如果對方離開，他們也會像現在一樣快樂。他們的快樂不會被對方拿走，因為快樂不是對方給予的。

那麼，他們為什麼要在一起呢？這已經不再是一種需要；而是一種享受。試著去了解。真實的人彼此相愛是一種享受；不是一種需要。他們喜歡分享：他們有太多喜悅，他們想要與其他人分享，但他們也知道如何像獨奏樂器般彈奏自己的生命。

笛子獨奏者知道如何單獨享受他的笛子。如果他看到塔布拉鼓（tabla，印度的一種手敲小鼓，能敲出各種不同的音調。）的獨奏者，他們會享受一起合奏，並創造出笛子與塔布拉鼓的和弦。兩個人都會享受它，兩個人都會向對方傾注他們的豐富。

「愛」是動詞

愛是存在性的；恐懼只是愛的「不在」。任何「不在」所引發的問題，都是因為你無法直接對它做任何事情。恐懼就像黑暗。你能夠直接對黑暗做什麼嗎？你不能丟掉它，無法把它拋出去，也無法帶它進來。沒有光你無法對黑暗做什麼。處理黑暗的方法是透過光。如果你要黑暗，把光熄滅；如果你不要黑暗，把光點亮。你得在光上面努力，而不是黑暗。

愛跟恐懼也是如此：愛是光，恐懼是黑暗。被恐懼糾纏的人永遠沒有能力解決問題。這就像是在跟黑暗摔跤一樣：你遲早會筋疲力竭、疲累並且被擊敗。不可思議的是，你是被某種根本不存在的東西打倒！當你被擊敗，你當然會覺得黑暗很強大，恐懼很強大，無知的影響力很強大。它們一點都不強大，它們根本不存在。

永遠不要跟不存在的事物抗爭。那就是所有古老宗教被困住的原因。一旦你開始跟不存在的事物抗爭，你就注定失敗。你意識的小河會迷失在不存在的沙漠中。

所以，不要在恐懼上製造問題。愛才是重點。你可以立刻做一些與愛有關的事，不需要等待或延遲。開始去愛！它是存在、神或整體——無論你喜歡怎麼稱呼它都可以——給你的一項與生俱來的禮物。如果你是在宗教的教導下長大，你會說它來自神；如果你不是在宗教的教導下長大，你會說它來自存在、整體。

記住，愛與你是一起出生的；它是你內在的品質。一切你需要做的就只是給它道路——為它開闢一條路，讓它流動，讓它發生。

我們全都在阻礙它，抑制它。我們對愛如此吝嗇，原因在於我們已經被灌輸了經濟學的概念。經濟學對外在世界絕對有它存在的必要：如果你只有這麼多錢，卻一直給別人，很快的你就會變成一個乞丐。把錢給了別人，你就沒錢了。這樣的經濟學，這樣的數學運算已經深入我們的血液、骨髓裡。對外在世界來說，這是正確的，但對內在世界並非如此。內在世界有一種完全不同的數學運算：你給予越多，就擁有越多；給得越少，就擁有越少；如果完全不給，你會失去本有的品質。它們會停滯、封閉；如果找不到表達的方式，它們會萎縮枯竭。

就像音樂家，如果他不斷演奏吉他或笛子，就會有越來越多的音樂展現出來。他不會因為一直吹笛子而失去音樂，相反的，他獲得更多。就像舞者，跳得越多，舞技就越純熟。就像畫畫，畫得越多，就越能夠創造出更好的作品。

有一次畢卡索正在畫畫，一個評論家朋友在他畫到一半時打斷他說：「有一個問題一直困擾著我，我再也不能等了。我想知道，你畫了好幾百幅畫，最好的是哪一幅？」

畢卡索說：「就是我正在畫的這一幅。」

這位評論家說：「這一幅？那你以前畫的那些呢？」

畢卡索說：「它們全都包含在裡面。而且，我畫的下一幅會比這一幅更好，因為你越畫，你的技術就越純熟，你的畫作就越優秀。」

這就是愛、就是喜悅——分享它！一開始它只會像露珠那麼多，因為你已經吝嗇很久了。但是一旦露珠般的愛被分享開來，你很快就能分享你存在內的整片海洋，你包含著無限。

一旦你知道施與受這種層次更高的數學運算，你會發現，只是給予，你就已經獲得了。並不是你會得到什麼回饋，而是在給予中，你變得更富有。

愛會開始散播、放射。有一天你會驚訝：恐懼到哪裡去了？甚至你想找也找不到它了。

愛不是關係。愛是連結，不是關係。

關係是某件事情的結束。關係是一個名詞；事情來到了一個句點，蜜月期結束了。沒有喜悅、沒有熱誠，一切都完了。你可以為了承諾繼續下去，你可以為了輕鬆、方便、舒適繼續下去，你可以因為反正也沒別的事可做繼續下去，你也可以因為中斷關係會帶來太多麻煩繼續下去。

關係意味著某種事情的完成、結束、關閉。愛從來不會是關係；愛是連結。它總是像河流一樣流動著，沒有盡頭。愛不知道句點；一旦蜜月開始就沒有結束。不像小說在一個特定的點開始，並在一個特定的點結束。愛是持續不斷的現象。愛人會結束，愛會繼續。愛是一個連續。它是一個動詞，不是一個名詞。

為什麼我們要讓連結的美貶低成關係呢？我們為什麼如此匆忙呢？因為連結是不安全的、不確定的，而關係是一種保證。連結只是兩個陌生人的一場相逢，或許一夜情之後，早晨就互相道別。誰知道明天會怎樣？我們太害怕，所以想要讓它確定，想要讓它是可以預期的。我們想要明天依照我們的想法呈現；我們不允許它有表達自己意見的自由。我們馬上將每一個動詞降貶成一個名詞。

每當你愛上一個女人或男人，馬上就會想要結婚，你想要讓它成為一個合法的契約。為什麼？

法律怎能介入愛？法律介入愛是因為愛已經不在了。剩下的只是一個幻想，你知道幻想終究會消失，所以想在它消失前安定它，在它消失前做些什麼讓你們不會分離。

在一個更美好的世界裡，會有更多具靜心品質的人存在，人們會有愛，無止境的愛，可是他們的愛會是一種連結而不是關係。

我不是說他們的愛只是短暫的。

他們的愛可能比你們的愛更深入，有更高品質的親密、詩意、神性。他們的愛可能比你所謂的關係更持久。但沒有法律、法院、警察的保證。保證是來自內在。它是一個心的承諾，它是一種寧靜的交融。

如果你享受跟誰在一起，你會想要享受更多。如果你享受親密，你會想要探索更多。有一些罕見的愛的花朵，只有經過長期的親密之後才會綻放。也有一些季節性的花朵，在陽光下盛開六個星期之後就永遠消失。有些花朵要好幾年的時間才開花，也有些花朵持續盛開好幾年。花得時間越久，它就會越深入。

這必須是一顆心對另一顆心的承諾。它無法用言語表達，說出來就褻瀆了它。它必須是寧靜的承諾：眼睛對眼睛，心對心，存在對存在。它必須被了解，不是用說的。

看到人們到教堂或法院去結婚真的很愚蠢，很醜陋，很不人性。那只是表示他們不信任自己，他們信任權威勝於信任自己內在的聲音。那表示他們不信任他們的愛，他們信任法律。

別去管關係，要學習如何連結。一旦你進入一段關係，就會把彼此視為理所當然而摧毀了所有的愛情。女人以為她很懂她的男人，男人以為他了解這個女人。沒有人了解誰！了解對方是不可能的，對方永遠是個奧祕。把對方視為理所當然是一種侮辱、不尊重。

你以為你了解你的伴侶這個想法是很愚蠢的。你怎麼可能了解這個女人？妳怎麼可能了解這個男人？他們都是活生生的生命之流，他們不是物品。你昨天了解的這個女人今天已經不在了。這麼多的水流經恆河；她已經是另一個人了，完全不一樣的人。你得重新連結，重新開始，不要視她為理所當然。

昨天跟妳一起睡覺的男人，早上再看一次他的臉，他已經不再是同一個人，他已經變了很多，變到你無法一一細數！這就是物品與人之間的差別。房間裡的傢俱仍然一樣，但這個男人和女人已經不再一樣了。你要再度探索、重新開始。這就是我所謂連結的意義。

連結意味著總是重新開始，但是人們總是想要熟悉彼此。因此必須一而再再而三將自己介紹給彼此。試著多去了解對方人格中的許多面向，試著更深入穿透對方內在情感的領域，進入對方存在的最深處。試著解開尚未被解開的奧祕。

那就是愛的喜悅：有意識的探索。

如果你是連結而不把它貶低成關係，那麼對方就變成你的一面鏡子。在探索對方的同時也無意間探索了自己。更深入對方，了解他的感受、想法，以及他更深層的悸動，你也會了解到自己更深層的悸動。愛人成為彼此的鏡子，愛就變成了靜心。

關係是醜陋的，連結是美的。

在關係中，兩個人都對彼此盲目。想想看，你們有多久不曾互相看著愛人的眼睛？你們有多久不曾看著自己的伴侶？可能好幾年了！誰會去看自己的太太？你自以為你了解她。還有什麼好看的？你對陌生人比對你熟悉的人更感興趣；你熟悉他們全身上下的每一個部位，你知道他們會如何回應，你知道每一件曾經發生的事會一再的發生。它是個重複的循環。

它不是這樣的，真的不是。沒有一件事情會重複；每一天每一件事都是新的。只不過你的眼睛老了，你的假設老了，你的鏡子積滿灰塵，你無法反映出對方。

因此我說連結。連結，意味著繼續保持在蜜月期。繼續探索對方，找到新的方式去愛彼此。每個人都是無比的奧祕、深不可測、探索不盡，你永遠不可能說「我了解她」或「我很懂他」。你頂多只能說：「我盡力了，但是奧祕還是一個奧祕。」

事實上，你了解得越多，對方就變得更奧祕。如此一來，愛就是一個持續不斷的冒險。

・・

伴侶諮商輔導／

在愛中生活與成長的洞見

以下語錄精選自奧修在每日傍晚的聚會中，針對情侶或個人在關係上的困擾所給予的洞見。

當心電感應發揮不了作用的時候

幾乎都是如此，伴侶之間總是不能和對方把話說清楚。你希望對方自己會明白，對方也一樣：他或她都認為你應該會懂。

沒有人會懂！你們之間沒有溝通，也從來不清楚的把問題提出來。你必須很清楚的表示：「我無意干擾你，你可以擁有你的自由——我愛你，我會一直愛你——但是我呢？」找出解決問題的方法。你們可以繼續在一起同時擁有你們的個體性與自由。如果伴侶之間真的彼此相愛，他們就能夠處理問題。真正的問題在於，我們從來不和對方把話說清楚。我們總是希望對方和我們有心電感應。沒有人會心電感應！對方不是千里眼，你必須清楚表明：「二加二等於四」——就是這樣。然而事實是，真正的問題沒有被提出來。

了解空間的需要

了解對方，跟對方多溝通，同時要了解有時候對方需要有自己的空間。但這個常常會是一個問題：你們或許不是同時這麼想。有時候你想和伴侶在一起，而他想要單獨——你沒辦法做什麼。你必須了解並讓他單獨。有時候你想單獨，但他想和你在一起——告訴他，你沒辦法，你需要你自己的空間！

去做更多的了解。這是情侶之間經常錯過的：他們彼此相愛，但對彼此卻一點也不了解。

那就是為什麼他們的愛因誤解而破滅。愛不能沒有了解而單獨存活。光只有愛是非常愚蠢的；有了解，愛可以活得長久、精采——分享更多的喜悅，分享美好的片刻，分享充滿詩意的經驗。但那只有透過了解才會發生。

愛能夠給予你一段短暫的蜜月，就這麼多。唯有了解能夠給予你很深的親密。就算有一天你們分開了，這份了解仍會與你們同在，它會是你們送給彼此最美的愛的禮物。情侶會分開，但是與對方在一起所獲得的了解、領悟會永遠和你在一起。那是一個美麗的禮物，不會有其他的禮物了。如果你愛一個人，你唯一能夠給他的有價值的禮物就是一些的了解。

處理負面情緒

愛一開始總是美的，因為你沒有把破壞性的能量帶進來。剛開始的時候，你只帶進你的正面能量；兩個人都將正面能量注入其中，愛情簡直太棒了。但漸漸地，負面能量會開始滿出來；你永遠抑制不了它。一旦你的正面能量結束，蜜月結束，負面能量就接著來了。然後，地獄開啟它的大門，你卻還不知道究竟發生了什麼事。如此美好的關係，為什麼現在瀕臨破滅？

如果你一開始就很警覺，它是有救的。注入你的正面能量，但是記住，負面能量很快就會出現。當負面能量開始進入時，你必須獨自釋放這些負面能量。自己找一個房間釋放這些負面能量，不要把它丟在別人身上。

如果你要叫、要喊、要生氣，進房間裡，關上門——大喊大叫、發怒、咬枕頭。沒有人應該如此暴力的把東西丟在別人身上。他們對你並沒有做什麼傷害的事，為什麼向他們丟東西呢？最好把全部負面的東西丟到垃圾桶裡。如果你保持警覺，你會很驚訝的發現你做到了；當負面能量被釋放之後，正面能量會再度溢出來。

只有在關係持續很久、已經有穩固的基礎之後才能一起釋放負面能量。而且只有在療癒的考量下才能進行釋放。當關係中的兩個人都很覺知、很正面，當雙方都能夠容受並處理對方的負面情緒時，才能一起釋放負面能量。

我的建議是，讓這個過程非常覺知而不是無意識的進行；要很謹慎。把它當作一件重要的事，每天晚上花一個小時對彼此發洩負面情緒——讓它是一個遊戲——而不是隨時隨地胡亂發洩。因為人們並不夠警覺——他們無法二十四小時保持警覺——但你們可以花一個鐘頭坐在一起釋放負面能量。如此一來，它就會是一場遊戲，像是團體治療！一個鐘頭結束之後，清空一切，不要留下後遺症，不要把它帶進你們的關係裡。

面對能量的處理有三個階段：第一階段，負面能量必須先被單獨釋放。第二階段，它必須在特定的時間、兩人都同意的情況下一起釋放負面能量。而在第三階段，當你真正回到自然的本性，你就不需要害怕會傷害到對方或這段關係。這時你們能夠對彼此呈現負面或正面，而且兩者都會很美。

在第一階段的某個瞬間，你會開始感覺到不再有憤怒出現。你坐在枕頭前，但沒有憤怒出現。一開始憤怒會出現好幾個月，然後有一天你發現它不再冒出來了，它變得沒意義，你無法一個人生氣。那麼，第一階段就完成了。但此時也等等看對方是否也覺得第一階段結束了。如果你的伴侶第一階段也結束了，就開始第二階段。每天花一、二個鐘頭的時間——你們可以決定在早晨或晚上——很慎重地表達你的負面情緒。把它當成一個心理劇，而不是針對個人。不要嚴厲的批評——你可以批評，但不要批評這個人。事實上你只是丟出你的負面能量，而不是指責對方，你並不是說：「你侮辱我。」你只是在說：「我覺得受到侮辱。」那完全不一樣，它是一場謹慎的遊戲；「我覺得受到侮辱，所以我要把我的憤怒丟出來。你是我最親近的人，請讓我把你當成藉口而這麼做。」同時對方也是這麼做。

同樣的，你會來到一個瞬間，發現這種謹慎的負面情緒無法再發揮作用。你們坐在一起一個鐘頭，但你沒有任何話要說，你的伴侶也沒有。那麼，第二階段就結束了。現在來到第三階段，第三階段是生命的完整。當情緒浮現，你已經預先知道它是負面還是正面的；你可以自發性的回應。

這就是愛如何能夠成為連結，成為你存在的本質狀態。

突破舊有的關係模式

花二十四小時的時間，寫下你記得的、過去如何破壞你們關係的每一件事。寫下它們的所有細節，從每一個角度觀看它，同時不要再重複。那會成為一種靜心，無論愛是否以新的關係繼續下去都不重要。如果你在其中保持覺知，就是值得的。

你很清楚——每一個人都很清楚，因為你不可能不知道你在關係中做了什麼。當你頭腦清醒的時候你很清楚知道，當你神智不清的時候你會忘掉；這我知道。所以，在這些瘋狂的時刻出現之前，好好看著它們。寫下所有你破壞你們關係時經常做的事情，然後影印一張帶在身邊。無論何時，當舊有的模式可能又要重複發生時，看著它。

你應該越來越覺知，那麼每一件情都會是美的。愛無比美麗，但也可能會變成地獄。所以，首先你要把這一切問題先找出來，然後不再重複做它。你會因為能不再這麼做而感到快樂，你會感覺到某種程度的釋放。那些東西很煩人，它們就像神經病一樣，讓人精神錯亂。

無論什麼時候，當兩個人在愛之中，他們都會想要快樂，沒有人想要在愛中難過。不過，每個人都很愚蠢，他們遲早會讓彼此不快樂，然後失去意義。所有的夢都碎了，一次又一次的，它就成為一個傷口。

「少了些什麼」的感覺

每一個戀人都會覺得少了些什麼，因為愛永遠是進行式、是未完成的。它是一個過程，不是一件已經完成的物品。每一個戀人一定都會感覺少了些什麼，但是不要去誤解它，不要認為這樣不對。這只是單純的顯示愛本身是流動的、是動態的。就像河流總是不停地流動。那個流動正是河的生命之流。一旦它停下，就會變成一個停滯的東西，它就不再是一條河了。

愛是一條河流，不是一件物品，不是一樣商品。所以不要以為少了些什麼；那是愛之流的一部分。不完整是好的。因為少了些什麼，所以你必須做些什麼，必須行動。那種「少了些什麼」的感覺是來自更高峰的召喚。並不是當你到達那裡就會感到滿足。愛從來不會讓你感到滿足。它不知道什麼是滿足，但它很美，因為它永遠都是活生生的。

同調與走調

你與戀人總是會覺得哪裡不協調、不同調。這是正常的，因為當兩個人相遇，等於是兩個不同世界的交會。期待他們完美契合是太過分了，也不可能，而且還會產生挫折。因為總會有些事情是不同調的。如果你們完全契合、不會格格不入，你們的關係將會停滯。你們頂多只會有少許的片刻一切都很協調，但那是非常稀有的片刻。即使那些片刻出現，你可能也抓不到它們，它們稍縱即逝，非常稀有。好不容易發生就已經消逝了，只是一個瞥見。而那個瞥見會讓你更挫折，因為接下來你會看到更多走調不協調的事情。

一定會這樣的。你可以盡所有努力創造兩人的協調，但你仍要做好它不會太完美的心理準備。而且不要擔心，否則你會更走調。同調的感覺只有在當你不再擔心的時候它才會出現，只有在你不緊繃、對它沒有期待的時候它才會出現——它是意外出現的。它是一個來自存在的恩典、禮物；一份愛的禮物。

愛不是你做什麼就能夠得到的一件物品。但是透過做一些其他的事，愛會發生。你可以做一些小事——坐在一起，看月亮，聽音樂，做一些與愛沒有直接關係的事情。

愛非常細緻、易碎。如果你看著它，直接盯著它看，它會消失。只有在當你不注意、做別的事情時，它才會出現。你不能像箭一樣直接撲向它。愛不是目標。它是一種非常細微的現象。它很害羞。如果你太直接，它會躲起來。如果你太直接，你會錯過它。

冷卻熱情

如果愛更深入，先生和太太最後會變成兄弟姊妹。如果愛更深入，太陽的能量會變成月亮的能量。熱度消失了，而變得清涼多了。當愛更深入，也會產生一個誤解，因為我們已經習慣於狂熱、興奮、熱情，而現在看起來卻很愚蠢。是很蠢！現在如果你們做愛，會看起來很可笑；如果你們不做愛，又會因為舊有的習慣而覺得好像少了什麼。

所以你必須了解，這種冷卻會發生。當然，當你開始感覺到合一的時候，恐懼會浮現。一種對於正在發生的事的恐懼，因為如果你們兩個人變得太過於一體，你會開始忘記對方。只有在對方是「別人」的時候，才會被想起。心理學家說，孩子開始學習發音的第一個字是「爹地」時，母親會很受傷，因為她懷胎九個月生下他，她也一直在照顧這個孩子。她一天二十四小時都跟孩子在一起，但是孩子說出的第一個字竟是「爹地」？父親只不過是在外圍的人，而母親如此親近他。她會覺得這個孩子背叛了她！

這是有原因的：母親跟這個孩子如此合一，以至於孩子感覺不到她是「別人」。爹地不太常跟孩子在一起；他來來去去，早上他去上班，晚上才回家，有時候跟孩子玩一玩，然後又不見了。他總是很忙碌，所以他會被當作是「別人」。但母親總是在那裡，他還沒有想到他與她是二個不同的人。所以他的第一個發音是「爹地」，不久之後，有一天他會學會說「媽咪」。第三件事才是學會自己的名字，因為對孩子來說，那是最困難的事。

現在他了解母親和他是不同的二個人。有時候他餓了，她沒有過來，有時候他尿濕了，她正在和某人說話沒有注意到。他開始感覺到她是「別人」，和他不是完全一體的。但是他仍然和自己是一體的，因此他學會的最後一句話是自己的名字。

所以當兩個戀人開始合為一體，恐懼會浮上來：「你是不是失去對方了？」就某種程度而言，是的，因為對方不再以「另一個人」的身分被你感受，你會產生兄弟姊妹之愛的想法。為什麼呢？兄弟姊妹的愛沒有興奮；那是冷靜的，非常沉穩——沒有熱情、沒有感官享受、沒有性欲。

還有一件事是，兄弟姊妹無法選擇彼此；它是一種自然現象。有一天你突然發現你是某人的兄弟或姊妹，不是你選擇的。戀人是你選擇的。在選擇一個戀人時，有些自我會介入。與兄弟姊妹之間，並沒有自我介入其中。你別無選擇；這是存在的禮物。你無法改變，你不能跟法官說你想和你的姊妹分開，你不想再當他的兄弟了。就算你決定不想再當兄弟，你還是他的兄弟。無論你要不要都沒有差別，你沒有辦法改變。

當先生或太太開始感到合為一體時，恐懼會浮現：你開始把對方視為理所當然了嗎？他變成兄弟或姊妹了嗎？所以不再是你的選擇，不再有你的自我，你自我的欲望不再得到滿足了嗎？所有的這些恐懼都會升起。過去，你們彼此有這麼多的熱情，這麼強烈的激情。你現在知道那很蠢，但仍然會有一些過去的習慣……偶爾你會感到少了些什麼，覺得有一點空虛。但是不要從過去的角度看這件事，要從未來去看它。

有許多事情會從這個「空」無中發生，很多事情會在這個親密中出現——你們兩個人都會消失。它會變得絕對無性，所有的激情都消失了，然後你們會知道一種完全不同品質的愛。那樣的品質會在你內在升起，我稱它為祈禱、靜心、全然的覺知。不過，那還是在未來，現在還沒有發生。你還在路上。過去已經過去，未來尚未出現。

這個過渡期間會有一點辛苦，但不要想著過去。過去永遠過去了；就算你努力也喚不回來。那麼做很蠢，很傻。你可以把它拖回來，你可以試看看，但你會失敗而且導致更多的挫折。所以，甚至連試都不要試。只需要以一種全新的方式去愛。讓這個全新型態的愛發生。

握住彼此的手，彼此相愛、關懷，不要追求激情，因為激情有某種愚蠢、瘋狂；它消失不見是好的。你應該為自己感到慶幸。不要誤解它。

這會發生在每一個戀人身上，如果你真的深入聽我說的話。當你問說你想要你的愛更深入——這就是深度！激情的愛是外圍的，慈悲的愛是歸於中心的。那就是愛的深度。

享受它：感受喜樂，一起靜心，一起跳舞。如果性消失了，讓它消失，不要強迫它留下。如果偶爾發生了，讓它發生。

當興奮消退之後

要長期處於愛之中很難。這需要你整個存在經歷一次極大的蛻變，唯有如此，你才能夠長期處於愛之中。平凡的愛非常短暫；它來來去去，開始又結束，它有一個起點，也有一個終點。所以，與其讓它合理化不如看透這個事實；你已經不再愛。那很難！並不是愛還在而能量卻不再流動了，這種事怎麼可能發生呢？愛是能量；如果愛還在，能量就會流動。

它有可能是你在跟過去的愛、過去的回憶談戀愛——多美好的時光，當時有那麼多的能量在你們之間流動，可是現在它不流動了。那是過去的殘留物。你一直還在想著過去，你要現在也和過去一樣。但是不可能。現在跟過去完全不一樣，不一樣是好的！如果愛只是過去的重演，你會感到厭倦，你會非常無聊。

所以伴侶雙方必須看穿這個事實，試著找出真相。如果你們不再有愛了，還有一件事可以做：你們可以當朋友。不需要強迫自己當對方的情人，愛是不能被強迫的。如果你強迫它，它會變得虛偽，它永遠滿足不了任何人。

好好探究這件事。過去你們是情侶，至少你們現在可以當朋友。深入探究它！可能當你們決定成為朋友，愛或許又會再度流動開來，因為你們再度擁有了自由，再度擁有自己的個體性；保障消失了，那些摧毀愛的元素消失了。你的愛有可能再度開始流動。

就像是某一天你們相識在一起，現在你們分手變成朋友。你們的愛是如何發生的：之前你們是朋友，後來才在一起。愛的發生是從友誼開始的，然後發展成為關係，愛沒有友誼就會枯萎。如果你真的要讓它死而復生（revive）——我不是說這一定會發生，沒有人能夠預期，但死而復生是有可能的。就算沒有死而復生，你仍可以和別人重燃你愛的能量，而你的愛人也可以去愛別人。

隨時記得一件事：在愛之中是好的——那是高貴的美德。如果和這個人之間的愛不能流動了，最好讓它和別人流動。不要陷在裡面，否則你會受苦，你的伴侶也受苦，兩個人都受苦。問題在於，如果你受苦太久，你會沉溺在你的痛苦中。你會開始有點享受這種自我折磨。你可能會變成受虐狂，以後就會很難擺脫它。這麼一來，問題就大了。

該是道別的時候

坦白告訴你的伴侶，也要求你的伴侶坦白。你們曾經相愛過，但現在該是道別的時候；至少你們應該感激對方曾經為彼此帶來美好的時光，要坦白，要絕對坦白。把一切攤在檯面上，不要隱藏；因為那不會有幫助。只有實話會有幫助。謊言絕對沒有用，它們只會拖延問題，而在這期間問題會更深植在你的心裡。所以越快越好。

誠實告訴你的伴侶，儘管那令人受傷。告訴你的伴侶，那會很痛，但是沒什麼好擔心的。你們曾經很快樂地在一起，如果它令人很受傷也得面對。要絕對真實——不要找代罪羔羊，不要加上莫須有的罪名，也不要合理化。就是真實面對。深入探究自己，表露你的心，同時也幫助你的伴侶真實。如果愛結束了，就當朋友，不需要強迫在一起。

永遠不要背叛愛。愛人會改變，那不是問題，那不應該是問題；我們不應該太過執著在別人身上。讓愛只有一個承諾，那就是愛本身！與愛相愛，其他的都是其次。

要有勇氣，勇氣會有幫助。否則你們兩個人可以因為這樣因為那樣而假裝你們真的應該在一起，然後你們會繼續痛苦下去。永遠不要有任何一刻感到痛苦。活在危險當中，因為那是唯一的生存之道。

誠實的痛苦與狂喜

據說，如果人們開始說實話，世界上就不會有友誼，完全沒有友誼：沒有戀人，沒有婚姻，什麼都沒有。這一切會完全消失不見。那麼，它會是一個治療成長團體（encounter group），整個情況會變成到處都是成長團體。

你可以慢慢來，特別是在親密關係上。如果兩個人都有意願進入情感的深度，它會有報酬的。你的愛會更深入，會有某種超越在裡面。如果你們能夠真誠同時繼續在一起，如果你們能夠忍受因為誠實所帶來的痛苦，有一天你會嚐到誠實帶來的狂喜。

恐懼不總是錯的

有時候你的能量必須被單獨留下，你的內在有某些事情正在發生著，這時你需要保持獨處。當你想要把能量投入在某些人身上而感到猶豫時，這種感覺就像恐懼。其實，恐懼不全都是錯的，記住這一點。沒有全部都是錯的事情；它依情況而定。人們總是認為恐懼是不對的——不盡然。沒錯，它有的時候是錯的，有的時候不是。沒有總是對的事情，也沒有總是錯的事情；一切依情況而定。

現在，你的恐懼完全是正確的。它其實是在對你說：「不要捲入其中。」這並不是對新事物的恐懼，絕對不是；那是一個錯誤的詮釋。它單純只是你害怕如果捲入某些人的能量之中，你會失去內在成長的中心點。你越來越歸於中心，越來越安於你的存在本性裡。你越來越習慣你的單獨，如果你掉入關係裡，會把你自己拖出來。當你越深入內在，關係會把你帶出來，這樣就產生了矛盾。因此你會恐懼。在這個例子上，恐懼是有幫助的；它表示你並不笨。

保持單獨。當恐懼消失之後再進入關係；這樣就不會錯。恐懼會消失——時機對了它就會消失。當你安定下來，當這股能量正好和你內在的狀態一樣，那麼你就能夠再出去了。你必須先安定你的內在，這樣就很容易再出去與別人連結，不會讓你困惑分心。事實上，你會因為這樣更強化你內在的世界。像是從內在世界中放個小小的假，然後再進入關係。那麼，它就沒有破壞性，反而有創造性。那麼，愛就幫助了靜心。

所以，等待就好。傾聽你的恐懼，不要壓抑它。它會自己消失。當能量準備好往外，有一天你會突然發現自己正朝某人而去且完全沒有恐懼，你整個存在都與自己在一起。當它發生，就可以進入關係裡。在那之前，先避開它。

念念不忘

沒有必要忘記！繼續記住他！你想要忘掉你失去的愛人——有誰能用努力的方式忘掉？你越是努力想忘就記得越牢，因為你還得記得你要忘掉它！不要試圖忘記。讓它成為靜心。每次當你想起你的舊情人，閉上你的眼睛，盡可能深深記住這個人，很快你就會忘了他。

不完美的配對

只有兩個沒有生命的東西才能夠完全符合彼此。生命有它自己的主張，掙扎、抗爭、大聲疾呼要被注意到、試圖想掌控。生命總是帶有爭權的欲望，因此會有衝突。那是生命的本質。然而沒有人願意被控制；每個人都想要掌控。關係就存在這兩者之間。

關係是一項奇蹟。它真的不應該發生，就科學的角度它不應該會發生。它會發生是因為我們還不夠科學。而不夠科學是好的；我們也絕對不會太科學。有時候人的內心總會不合乎邏輯，這讓人還會有活生生的熱情，否則人類會變成機器。只有機器可以徹底適應；機器絕對不會不適應環境。

所以，這是每一對情侶要面對的問題：如果發生全面性的衝突，一切都會被摧毀。你與對方之間的橋樑沒有了；關係不見了。如果全然適應，關係也會消失，因為不再流動，不再有希望。要剛好在這兩者之間，剛好在適應與衝突中間，有一點適應，有一點衝突——其實它們是一起的。它們看似對立，但其實它們是互補的。

如果你能記住，就能夠保持頭腦清醒，否則，關係會把你逼瘋。當它把人逼瘋的時候，會難以忍受。所以，千萬不要要求全然的適應，一點點就很足夠了。你要為此心存感謝，同時讓關係保持流動。在一起，但不要試圖合為一體。在一起，但不要完全沒有連結。保持「二」，保持接觸。這就是我所謂的中庸。多一點的覺知。當你進入愛裡面，必須有多一點的意識，同時你要關心對方的情況。無論你做什麼，都會影響那個人。

施與受

關係中如果一方不停的給予，另一方不停的接受，兩個人都會受苦。不只是給予者——因為給予者覺得被騙了——接受者也會受苦，除非他被允許給予，否則他無法成長。他變成一個乞丐，他的自我形象低落。他需要變得強大，他需要有機會可以給予。那麼他才會覺得自己是個人，他才會覺得有自信。

不是只有性

要很小心享受愛，如果性是因為愛而發生，那麼就沒有什麼好擔心的。但性不應該是焦點。焦點應該是愛。你愛一個人，分享他的存在，你也與他分享你自己的存在，你們分享這個空間。

那正是愛的意義：在兩個人之間創造出一個不屬於任何一方的兩人空間——一個屬於兩個人相會、交融、融為一體的小空間。那個空間不屬於物理的空間，它單純是靈性的。在那個空間裡，你不是你，對方不是對方，你們兩人進入那個空間裡相會。這就是愛。如果它成長，那麼那個共有的空間會越來越大；越來越大，伴侶雙方會消失在其中。

有時候如果你與某人分享空間，不管是先生、朋友或任何人，如果你們是以一種自發性的現象在一起——不是刻意的，不是有企圖的，也不是你計畫好的——那麼這就不是性欲。

有一種性和性欲完全無關。性可以很美，但性欲絕對不美。我所謂的「性欲」是大腦的性——盤算、計畫、管理、操控，做了一堆事，這個人頭腦深處其實是要讓你慢慢變成性的目標。

如果用這種性欲的眼光看人，你是把對方貶成一件物品。對方不再是人，整個遊戲就只是在操縱。你們遲早會上床。依你跟這個想法玩多久、前戲拖多久而定。但是如果頭腦最終的念頭只是性，這就是我所謂的性欲。當頭腦不再有性的念頭，它就是純潔、天真的性。它是純真的性。

那樣的性有時候甚至比禁欲更純潔，因為如果一個禁欲的人滿腦子不斷想著性，就不算是一個禁欲者。當你跟某人進入一個很深的愛的關係時，你不會想到性，性會發生是因為你們全然的分享，而性也包含在裡面，那就沒問題，不需要擔心。不要對此有罪惡感。

暴風雨

人可以在一瞬間完全改變。她一下很開心，一下又變得很不開心。前一個片刻她還準備為你而死，下一個片刻卻要殺你。這就是人性。它帶來了深度、驚奇與刺激。否則生活會很乏味。

這就是它的美。這是極度的和諧。你愛一個人，你愛那種和諧，你接受創造和諧的一切。有時候下雨，有時候烏雲密布；有時候陽光普照，烏雲盡散；有時候很冷，有時候很熱。人類的天氣也不斷在變，每一件事情都不斷在變。當你愛一個人的時候，你愛一切的可能性。這個可能性是無限的，你愛所有的差異。

要真實，也幫助你的伴侶真實。那麼愛就會成為一個成長。否則愛會變成有毒的東西。至少不要讓愛腐化。讓愛腐化的不是恨或記憶，它是被虛假腐化。它不是被憤怒摧毀的，永遠不會是，它是被不正直的人，虛假的面目所摧毀。

唯有當你有自由，沒有任何戒心，沒有任何保留，才可能有愛。你就只是流動。你能做什麼呢？當你有恨就是有恨。當烏雲密布或陽光普照時你能夠做什麼呢？如果對方了解而且愛你，他會接受；他會幫助你走出陰霾，因為他知道這只是氣候變化，它來了又去。這些只不過是過渡時期，在這些過渡期的背後才是實相，這個人的靈性與靈魂。當你接受這所有的階段，漸漸地，你就會開始瞥見真實的靈魂。

甜蜜的悲傷

單獨多少有一點令人感傷或悲痛，但同時也有一種非常深層的平和與寧靜在裡面。全看你怎麼看待它。

當你跟你的情人分手，把它當作是一個讓自己單獨的極佳機會，那麼你的視野會改變。把它當作是給自己空間的機會。你已經變得很難給自己一個空間，但是除非你有自己的空間，否則你永遠都無法了解自己，永遠不會知道你是誰。你總是忙著做些什麼，總是被無數事情佔據著——在關係中，在世俗的事物中，焦慮、計畫未來或過去——你一直活在表面。

當你一個人的時候，你可以開始沉澱下來。因為沒有被佔據，所以你一向習慣的感受不會再干擾你。它會是很不一樣的體驗。

當然，分開讓自己單獨一陣子的時候，你會想念愛人、鍾愛的人、朋友，但這不是永遠的。這只是一個小小的訓練。如果你深愛自己，深入自己，你會更準備好去愛，因為一個不知道自己的人無法深愛別人。如果你活在表面，你的關係就不會有深度。如果你有深度，你的關係就會有深度。

所以，把這次機會當成一項祝福，進入它，享受它。如果你因此而傷心，整個機會就浪費掉了。

這並不是在反對愛，記住。不要有罪惡感。事實上，這是愛的源頭。愛，一直都不是一般人認為的那種愛。不是那樣。愛不是一種感傷、情緒或感受引起的煩躁不安。那是某種非常深入、非常根本的東西。那是心念的狀態，唯有當你穿透自己的本性，開始愛自己時才有可能經驗那個狀態。那是一個人單獨時的靜心：深深愛自己，讓自己首次成為你自己愛的對象。

所以在這幾天單獨的時間裡，讓自己完全自我陶醉；愛你自己，享受你自己！讓你的身心靈充滿喜樂。享受這個「空無」的空間，讓愛充滿它。愛人不在——讓愛填滿它！讓你的愛散布在你的空間裡，你的空間會開始發亮；它會發光發熱。然後，你第一次知道，當你的愛人靠近你時，你愛的品質已經完全不同了。事實上，你有東西可以給予、分享。你可以分享你的空間，因為你有你的空間。

人們以為他們在分享，但他們沒有任何東西可以分享——他們的心中沒有詩，沒有愛。事實上，當他們說他們要分享時，他們並不想給予，因為他們沒有任何東西可以給。他們都在對方身上尋找，試圖獲得某些東西，而對方也一樣。他要從你身上得到某些東西，你也要從他身上得到某些東西。某種程度來說，兩個人都試圖從對方身上掠奪某些東西。因此情侶之間才會有衝突與緊繃；不斷地操縱、佔有、剝削，讓對方成為滿足你的工具；為了你的滿足，你以某種方式利用對方。當然，我們會用美麗的話語掩飾它，我們會說：「我們要分享。」如果你什麼都沒有，你要怎麼分享？

所以，享受這份空間，享受單獨。不要用過去的記憶填塞它，不要用未來的想像或夢幻填滿它。讓它就是本然的樣子——純然、簡單、寧靜。以此為樂；搖擺、唱歌、跳舞。享受純然單獨的喜悅。

不要有罪惡感。這也是個問題，情侶之間總是覺得有罪惡感。如果他們獨處的時候很快樂，他們就會有某種罪惡感。他們認為：「你的伴侶不在你身邊的時候你怎麼快樂得起來呢？」——彷彿你欺騙了這個人一樣。但是如果你獨處的時候不快樂，你們在一起時又怎麼會快樂呢？所以，這不是欺騙。在夜裡，當沒有人看著玫瑰花叢時，玫瑰仍然為開花而準備。在土地的深處，樹根也正在為玫瑰開花做準備。沒有人看到這些。如果玫瑰花叢想：「只有人在的時候，我才要展現我的玫瑰。」那麼就不會有東西可以展現。不會有任何東西可以分享，因為無論你分享什麼，必須先有東西被創造出來，而所有的創造力都是在單獨的深度中出現。

所以，讓這份單獨變成孕育的子宮，享受在它裡面，並引以為樂；不要覺得你做錯什麼。問題在於態度與方法。不要對它做錯誤的解釋，不需要感到抱歉。它可以是極度的平和與喜樂。它依你而定。

成為真實的磨鍊

如果你老是退縮隱瞞，關係無法真正成長。如果你總是玩弄小聰明，只想保護自己，防衛自己，你們只會在表面上相會，而最精髓的中心卻仍然維持單獨。如此一來，發生連結的只是你的面具不是你。這樣的連結關係中就會有四個人，不是兩個人。兩個虛假的人持續相會，而那兩個真實的人卻完全分開。

這會有風險。如果你變得真實，沒有人知道這個關係是否有能力了解真實或真理；這份關係是否夠強壯耐得住狂風暴雨。這會有風險存在，也因為這個風險，人們抱著非常謹慎的態度。他們說應該說的話，做應該做的事。愛，多少成了一項義務。但真實的你依然飢渴，你的本體沒有被滿足。所以本體越來越悲傷。你性格上的謊言造成本體與靈魂一個非常沉重的負擔。風險是真的，它沒有保障，但我要告訴你，這個風險值得你去冒。

頂多，關係破裂，沒什麼大不了的。但因為對自己真實而分手，也比虛假的在一起好，因為虛假永遠會使你不滿足。恩寵永遠不會降臨，你總是又飢又渴，你一直耗著，只等待著奇蹟出現。

要奇蹟出現，你得做些事，那就是開始成為真實的，冒著關係也許不夠強壯到足以承受的風險。事實也許太難以承受，如果真的是如此，那這份關係就不值得繼續下去。你必須通過這個考驗。

一旦你真實，一切都變得有可能。如果你虛假——只是在外觀塗上某種顏色、只是一張面具——那麼一切就不可能。因為在虛假中，只會出現虛假；在真實中，只會出現真實。

我了解你的問題。這是所有情侶的問題：他們內心深處會害怕，不斷在想這份關係是否夠強壯足以承受得了真實。你不經歷怎麼會知道呢？你無法透過預測得知，你必須進入它才會知道。

你要怎麼知道？你坐在家裡，想著自己禁不禁得起外面的暴風雨嗎？你從來不曾處在暴風雨裡過，出去看看。磨練、出錯才是唯一的方法——出去經驗看看。你或許會被擊敗，但儘管如此，你會比現在更強壯。

如果經驗一個接著一個擊敗你，漸漸地，在穿越這場暴風雨的過程中，你會越來越強壯。會有這麼一天，當你開始喜歡上暴風雨，你開始能夠在暴風雨中跳舞，那麼，這個暴風雨就不再是敵人了，那會是一個特殊的經驗，一個愉快的機會。

記住，自性的成長從來不會是令人是舒服的，否則它早就發生在每個人身上。它不會隨便發生，否則每個人就都會有屬於自己的自性，真實的存在也就不會有任何問題。唯有當你敢於冒險，唯有當你進入危險時，自性的成長才會發生。愛最危險，它要求你必須全然投入。

所以，不要害怕，進入它。如果這份關係因為真實而存活下來，那將會很美。如果因此消失了也很好，因為虛假的關係結束了，你會更有能力進入另一段關係裡——更真實、更穩固、更接近本質。

絕對不要請求別人同情

快樂就好。關係沒有比你的快樂更重要。如果你快樂，誰會在乎關係呢？關係沒有創造性，它只是事件的反映。就像是一面鏡子：如果有東西在那裡，鏡子就會反映出來。如果沒有東西，鏡子無法創造任何東西出來；它是被動的。所以，記得要快樂、享受，如果有什麼事情剛好發生，很好。它一定會發生，因為一個快樂的人一定得分享。但他得稍微等一下，因為快樂的人只會吸引快樂的人。

如果你不快樂，你會吸引很多人，因為他們也都不快樂，所以總會有什麼東西相符合。每個人的內在都有一個救世主、一個治療師，所以當你受苦時，就會有人來同情你，這樣讓他們感覺很好、感覺自己很重要。有人在受苦，而他是那個可以提供幫助的人；他對此感到自大。那就是為什麼人們會對彼此感興趣。痛苦的人或受苦的人會吸引許多同情他們的愛人或朋友。

這種人有很多種類型，有一種是對別人受苦很感興趣的虐待狂。世界上有絕大多數的人都是虐待狂！他們或許只是在玩自我的把戲。和不快樂的人相比，讓他們相對感到很快樂，所以他們總是喜歡不快樂的人圍繞在他們周遭。那是他們唯一知道的狀況。

記住，同情不是愛，如果有人同情你，要小心！同情不是愛，同情只會在你受苦的時候存在。一旦你變快樂了，同情就會消失，因為同情無法往上提升。它像水一樣往下流；它會朝著比你更不快樂的人而去。同情絕對不會上升，它升不上去。它沒有汲水的系統；你的同情無法給一個比你更高層次的人。

所以，絕對不要請求別人的同情，那會讓你腐化，跟別人一起腐化。如果你安於同情，你會開始以為那就是愛，你被一枚假銅板打發了。它只是給你愛的感覺；它不是愛。

真實的愛不是同情。真愛是出於情感的，它是同感、同理心，不是同情。同情意味著：「你好可憐，我想要幫助你。我站在外面對你伸出我的手。我並沒有被你打動。

事實上，我內心很享受這麼做。我喜歡這種滋味：有人給我機會，讓我感覺自己有多重要。」這是暴力。

同感是完全不同的。同感意味著：「我感覺到的剛好也是你的感覺。如果你受苦，我能感受到你的痛苦。它觸動我，它打動我。我不是局外人，我反而像是你的一部分。」

愛是同感，絕對不是同情。

記住這件事，絕對拒絕請求別人同情的誘惑。有誘惑是因為當一個人覺得愛沒有發生時，他開始勉強接受較差的東西。他開始進入悲傷，用隱約的方式要求別人同情。永遠不要這麼做。那是身為一個人所可能做的最貶低自己的事。永遠不要這麼做。要快樂。

花一點時間讓愛出現，因為大多數人都是虐待狂，明明自己很不幸，卻要證明自己是救世主，想解決別人的苦難。如果你快樂，你會吸引那些不曾被這些神經病的把戲逮住、單純快樂、喜歡與你分享的人。

這就是它美的地方：如果你快樂，關係就會發生，你感覺很好，你分享，但你不會依賴它。你不是奴隸，你不沉溺在其中，沒有它你也會很快樂。

一個好的關係是一種分享；不是依賴。伴侶兩人完全自由獨立。沒有人佔有，也不需要佔有。那是一份慷慨的禮物。我有這麼多，所以我要把它送給你。並不是需要，我可以單獨而絕對快樂。當兩個人相愛的時候很快樂，當自己單獨時也很快樂，那麼會有一種非常美的愛發生，因為他們沒有以任何方式阻礙彼此的成長。

在當下覺知

無論什麼時候，只要有改變，任何形式的改變，事情都會有更清楚的聚焦。當改變打擾了你，所有你內在的不安都被翻攪。當你們兩個人都受到干擾，兩個人都會想要把責任丟給對方，試著去了解它。從你的內在試著去了解；對方絕對沒有責任。把它當成一句咒語記住：對方絕對沒有責任。

看著它，只是看著它。如果當下你是明智的，就不會有問題。所有的人都是在那個當下片刻過了才回復他的理智，那是沒有用的。當你在對方身上找碴時，就在那個當下覺察，讓你的覺知運作。你會馬上放下你正在做的事。

但當你什麼事都做了；吵架、嘮叨、發牢騷，稍後你回復你的理智後，你會發現那根本沒有意義，但為時已晚。那沒有意義，傷害已經造成。這種理智是假智慧，它讓你自以為你已經了解了，那是自我的詭計，這種智慧對你沒有幫助。當你正在做這件事時，就在那個當下，覺知應該也要同時出現，你應該要看得到它是沒用的。

如果當下你能夠了解，你就不會這麼做。你永遠不會去違背你的覺知，如果你違背它，覺知就不是真的覺知，而是你誤把別的東西當作是覺知。

所以記住，對方絕對沒有任何責任，那是某些你內在沸騰的東西。當然，你愛的人和你最親近。你不能把它丟在路過的陌生人身上，所以最親近的人成了你不斷傾倒垃圾的場所。你必須避免這種行為，因為愛很脆弱。如果你做得太過分，愛會消失。

對方絕對沒有任何責任。試著讓這句話成為一個長存你內在的覺知，無論什麼時候，只要你發現自己又開始挑對方的毛病時，記得這句話。你逮到自己再犯的時候，當場丟掉它。

・・・

唯有愛繼續

唯有當你深入愛之中，同時自我也墜入愛中——某些非常有價值的東西只會在你拋棄自我之後才能獲得——當你真的深深愛過，會有一種新的整合在你內在升起。

愛會做兩件事：首先，它拿掉你的自我，然後使你歸於中心。愛是一項偉大的煉金術。

有三種愛。我稱它們愛之一，愛之二，愛之三。第一種愛是以客體為目標的愛；有一個愛的目標。你看到一位美女，非常優雅，身材姣好。你興奮不已，你認為你愛上她了。愛會出現是因為這個女人很美，因為她動人，因為她一切都很好。這個目標身上有某些東西激起你內在的愛。你不真的是它的主人；這個愛來自外在。可能你不是個非常充滿愛的人，可能你並沒有愛的品質，可能你沒有愛的祝福，但因為這個女人太美了，所以你以為你內在的愛出現了。那是以客體為目標的愛。

這是平庸的愛，是人們熟知的愛。是欲望的愛。要如何佔有這個美麗的目標？如何利用這個美麗的目標？如何讓它成為你的？但是記住，如果這個女人很美，她的美麗不會只是針對你，她對很多人而言都美麗的。所以會有很多人愛上她，然後就會有強烈的嫉妒、競爭以及種種醜陋的行為進入你的愛；進入你所謂的愛裡面。

有一個故事，目拉那斯魯丁娶了一個很醜的女人，沒有比她更醜的人了。他的朋友很不解地問目拉：「你有錢，你有聲望，你可以得到任何你想要的美女，但你為什麼選了一個這麼醜的女人呢？」

他說：「這是有原因的。這樣我就不用被嫉妒折磨。這個女人會永遠忠於我。我相信沒有人會愛上她。事實上，連我也不會愛上她。不可能的。所以我知道沒有人會愛她。」

正統回教的傳統是，太太必須用面紗把臉遮起來；她不能讓每個人看到她的臉。新娘必須問她的先生：「我可以讓誰看到我的臉，誰不能看？」

所以當這個女人問那斯魯丁：「我可以讓誰看到我的臉，誰不能看？」他說：「妳可以給所有的人看，除了我之外！」

如果你愛上美女或俊男，你就是在自找麻煩。你會開始嫉妒、受折磨，總會發生一些事。你在自找麻煩。你會開始想佔有這個人，你要確保一切都不能出錯或不能脫離你的掌控。你會開始摧毀這個女人或男人。你限制他們的自由。你會從各個層面侵佔這個人，試圖關閉所有的門。

好，這個女人之所以美，是因為她是自由的。自由是美麗的一個要素，當你看見一隻鳥兒在天空展翅飛翔，牠是那麼美麗、自由，但如果你看到同樣一隻鳥在鳥籠裡，就完全不同了。在空中展翅飛翔的鳥兒有牠自己的美；牠充滿活力，牠是自由的。整個天空都是牠的。同一隻鳥在鳥籠裡就很醜陋。自由不見了，天空消失了。翅膀現在對牠而言不再有意義，反而是一種負擔。那是過去留下來的痛苦。牠現在已經不再是同一隻鳥了。

當你愛上這個女人的時候，她是自由的；你愛上的是自由。當你把她帶回家之後，你摧毀了所有自由的可能性，你在破壞的當下也摧毀了美麗。然後突然有一天，你發現你一點也不愛她，因為她不再美麗了。每一次都是如此。於是你又開始尋找另一個女人，卻不看看到底發生了什麼事；你不去看這種機械式的機制，不去看你是如何毀了這個女人的美麗。

這就是第一種愛，愛之一。小心，它沒有什麼價值，沒有什麼意義。如果你不覺知，你會一直困在愛之一的階段。

愛之二是：客體對象並不重要，你的主體才是重要的。你充滿愛，所以你把你的愛給予某人。愛是你的品質，不是以客體為目標。主體洋溢著愛的品質，這整個人充滿了愛。甚至你就算是一個人，也充滿著愛。愛，是你這個人的一種氣息。

當你墜入愛河，第二種形式的愛會比第一種愛更喜悅。你會知道——因為這個愛會知道——如何給對方自由。愛意味著給予你愛的人一切的美麗。自由是最美的，它是人類意識中最珍貴的；你怎麼可能拿走它？如果你真的愛一個女人或男人，你送給他的第一份禮物會是自由。你怎麼可能拿走它？你們不是敵人，你們是朋友。

第二種愛不會違反自由，不會佔有。你不會太擔心別人也欣賞你的女人或男人。事實上，你會很高興別人也欣賞你的女人或男人，那表示你選擇了一個別人也想要的人。他們的欲望證明你選到了鑽石，選到有價值、有內涵的人。你不會嫉妒。每當你看到有人帶著愛意看著你的女人或男人，你會再度感到興奮。透過他們的眼神，你會再度愛上你的女人或男人。

第二種愛比較像是友誼而不是欲望，它會更豐富你的靈魂。

這第二種愛還有一點不同。第一種愛，是以客體為目標，會有很多愛人圍繞在這個客體周遭，所以你會有恐懼。第二種愛不會有恐懼，你能夠自由給予你的愛，不只給你愛的人，你也能夠自由將你的愛給予其他人。

第一種愛，客體只有一個，但會有很多人的愛流向這個客體。第二種愛，主體只有一個，但這個主體的愛會流向許多方向，用許多方式將愛給予更多人，因為你給的愛越多，愛就越成長。如果你只愛一個人，你的愛不會太豐富；但如果你愛兩個人，那是兩倍的豐富；如果你愛很多人，或者你能夠愛整個人類，甚至愛動物界、愛樹木、愛植物界——那麼你的愛會繼續成長。當你的愛成長，你也成長、擴展。這是意識真正的擴展。毒品只能給你一個擴展的虛假概念；愛是最極致的毒品，它讓你對愛的擴展有真正的了解。

史懷哲談過關於「尊重生命」的主題，他強調所有的生命都應該被愛。印度的馬哈維亞說過相同的話，他提出不殺生、非暴力、愛眾生的論點。但還有一種比史懷哲或馬哈維亞更進一步的可能：你也可以尊重物品。那是最終極的愛。你不只愛生命，你愛所有存在的一切。你愛椅子、鞋子、進出房子的門、放食物的盤子。你愛物品，因為它們也是一種存在。當你來到這個點上，你會愛整個存在，無論它是什麼——愛變成是無條件的愛。它變成祈禱，變成一種靜心。

如果你活在沒有愛的日子裡，那麼，第一種愛比沒有愛要好。但第二種愛比第一種愛更好，少一點擔憂、少一點苦惱、少一點混亂、衝突、侵略或暴力。第二種愛比第一種愛有更多的愛、更純淨。第一種愛的欲望太強烈，它會攪亂整個遊戲；但就算是第二種愛，也還不是最後的愛。還有第三種愛——客體與主體都消失了。

第一種型態的愛，客體是重要的；第二種愛，主體是重要的；第三種愛是超然。既不是客體也不是主體，你不會分割實相：客體、主體，知者、被知者，愛人、被愛的人。所有的區別都消失了。你就是愛。

在第二種型態的愛中，你還是一個愛人。當你是一個愛人，仍會有某些邊界、分野環繞在你的周圍。第三種愛，所有的邊界都消失了。只有愛；而你不在。這就是愛之三，耶穌說的「神即是愛」的意思。如果你誤解了第一種愛，就永遠無法正確的理解耶穌的真義。它甚至不是第二種，而是第三種。神即是愛。它就是愛。它不是你去愛，它也不是一個動作，它是你最終的品質。

並不是早上你充滿愛，到了下午愛就消失了——你就是愛，它是你的狀態。你已經回到家。你已經成為愛。現在沒有任何區別。所有的二元都消失了。

第一種愛是「吾它（我與它）」。對方被當作一件物品。那就是馬丁・布伯(Martin Buber)說的：「吾它（我與它）。」對方就像是你佔有的一件物品。「我的」太太，「我的」先生，「我的」孩子，在佔有中你扼殺了對方的心靈。

第二種愛，馬丁・布伯稱為「吾汝（我與你）」。對方是一個人。你尊重對方。你怎麼可能佔有你尊重的人呢？馬丁・布伯停留在第二個階段；他不了解第三種愛。他達到「吾汝」，那是「吾它」到「吾汝」偉大的一步。但遠比不上從「吾汝」到非二元、合一，那裡只有愛存在。

就連「吾汝」都還有一點引起緊張的現象。你跟你愛的人仍然是分離的，所有分離都會帶來痛苦。除非你與你心愛的人完全合而為一，否則就一定會有某種痛苦潛伏在一旁。第一種愛的痛苦很清楚，第二種愛的痛苦就不是很清楚；第一種很接近，第二種不是很接近；它很遙遠，但它在那裡。第三種就不再有了。

所以，我要你學習更多的愛。從第一走到第二，同時在你的意識中記得第三種才是終點。第二種愛重點在你自己本身。你愛。盡可能愛很多人。以各種不同的方式去愛：你愛某人如愛你的太太，你愛某人如愛你的朋友，你愛某人如愛你的女兒，你愛某人如愛你的姊妹，你愛某人如愛的你母親。你也可能和很多人分享同一種愛。所以，首先要到達第二種愛。

而第三種愛，你就是愛。接下來，你可以一直不斷的愛，它是沒有盡頭的。

譯註：馬丁・布伯(Martin Buber)：二十世紀最重要的猶太籍宗教哲學家之一。他提出的「對話準則」(Das dialogische Prinzip)不只在宗教哲學領域，在社會學、人類學界，甚至在教育學的應用上都深具影響力。

奧修靈性智慧 1

愛(新版) *BEING IN LOVE*

作　　者　奧修 OSHO
譯　　者　Zahir
編輯顧問　舞　鶴
責任編輯　林秀梅　黃妏俐

版　　權　吳玲緯　楊　靜
行　　銷　闕志勳　吳宇軒　余一霞
業　　務　李再星　李振東　陳美燕
副總編輯　林秀梅
編輯總監　劉麗真
事業群總經理　謝至平
發 行 人　何飛鵬
出　　版　麥田出版
台北市南港區昆陽街16號4樓
電話：886-2-25000888　傳真：886-2-25001951
發　　行　英屬蓋曼群島商家庭傳媒股份有限公司城邦分公司
台北市南港區昆陽街16號8樓
客服專線：02-25007718；25007719
24小時傳真專線：02-25001990；25001991
服務時間：週一至週五上午09:30-12:00；下午13:30-17:00
劃撥帳號：19863813　戶名：書虫股份有限公司
讀者服務信箱：service@readingclub.com.tw
城邦網址：http://www.cite.com.tw
麥田部落格：http://ryefield.pixnet.net/blog
麥田出版Facebook：https://www.facebook.com/RyeField.Cite/
香港發行所　城邦（香港）出版集團有限公司
香港九龍九龍城土瓜灣道86號順聯工業大廈6樓A室
電話：852-25086231　傳真：852-25789337
電子信箱：hkcite@biznetvigator.com
馬新發行所　城邦（馬新）出版集團
Cite（M）Sdn. Bhd.（458372U）
41, Jalan Radin Anum, Bandar Baru Seri Petaling,
57000 Kuala Lumpur, Malaysia.
電話：+6(03)-90563833　傳真：+6(03)-90576622
電子信箱：services@cite.my

設　　計　黃瑪琍
設　　計　宸遠彩藝工作室
印　　刷　沐春行銷創意有限公司

2010年1月19日　初版一刷
2023年1月31日　二版一刷
2024年7月18日　二版二刷
定價／420元

ISBN　978-626-310-370-2
9786263103665 (EPUB)

城邦讀書花園
www.cite.com.tw

國家圖書館出版品預行編目資料

愛 / 奧修(OSHO)作 ; Zahir譯. -- 二版. -- 臺北市 : 麥田出版, 城邦文化事業股份有限公司出版 : 英屬蓋曼群島商家庭傳媒股份有限公司城邦分公司發行, 2023.01
面； 公分. -- (奧修靈性智慧 ; 1)
譯自：Being in love : how to love with awareness and relate without fear
ISBN 978-626-310-370-2(平裝)
1. 靈修　2. 愛
192.1　　111019338